Etudes Fr...

nouveaux

HORIZONS

1

NOUVELLE ÉDITION

Lesebuch
zur Einführung
in die Oberstufenarbeit

herausgegeben von
Hansjörg Bär und Wolfgang Fischer

Ernst Klett Verlag
Stuttgart Düsseldorf Leipzig

Etudes Françaises

NOUVEAUX HORIZONS 1
Nouvelle édition

Herausgegeben von
StD Hansjörg Bär, Eggenstein-Leopoldshafen, und
Prof. Wolfgang Fischer, Sindelfingen,

sowie
StR Wolfgang Ader, M.A., Itzehoe,
StD Dr. Hans-Ludwig Krechel, Königswinter,
StD Gerhard Krüger, Uetersen.

Beratende Mitarbeit:
Monique Bär, Eggenstein-Leopoldshafen, und
Anne-Marie Le Plouhinec, Sindelfingen.

Zu *Nouveaux Horizons 1, Nouvelle édition*, gibt es ein *Cahier d'activités* (Klettnummer 520984) und eine Begleit-CD (Klettnummer 520982) mit einer Auswahl an Schülerbuch-Texten (im Inhaltsverzeichnis der nächsten Seiten mit dem Kopfhörer-Symbol versehen) sowie einer Reihe von zusätzlichen Texten und Chansons. Lehrerbuch : Klettnummer 520983.

1. Auflage 1 6 5 | 2006 05 04

Alle Drucke dieser Auflage können im Unterricht nebeneinander benutzt werden, sie sind untereinander unverändert. Die letzte Zahl bezeichnet das Jahr dieses Druckes.

Internetadresse: www.klett-verlag.de

Redaktion: Régis Titeca.

Umschlaggestaltung: Christian Dekelver, Weinstadt.
Reproduktion: Meyle + Müller,
Medien-Management, Pforzheim.
Druck: Konradin Druck GmbH, Leinfelden-Echterdingen.
Printed in Germany
ISBN 3-12-520981-1

9 783125 209817

Table des matières

Symbole und Abkürzungen

🎧 auf der Begleit-CD verfügbarer Text

in den Worterklärungen:

≠	Wort gegensätzlicher Bedeutung (Antonym)			*fam*	familier (umgangssprachlich)
→	Verweis auf ein bereits bekanntes Wort			*pop*	populaire (sehr umgangssprachlich)
m	masculin	*ind*	indicatif	*litt*	littéraire (literarisch)
f	féminin	*subj*	subjonctif	*vx*	vieux (nicht mehr gebräuchlich)

Quelques mots pour commencer...

Eine neue Ausgabe ... wozu?

Nichts ist vergänglicher als das Aktuelle. Manches von dem, was in einer schnelllebigen Gesellschaft heute die Schlagzeilen füllt, ist morgen schon wieder in der Versenkung verschwunden. Frankreich wählte in den letzten Jahren einen neuen Staatspräsidenten, bekam den Euro und die 35-Stunden-Woche. Unsere Nachbarn sind umweltbewusster geworden, die Grünen sind auch in Frankreich zur Regierungspartei aufgestiegen. Die Kommunikation wird zunehmend von Computer, Mail, Handy und SMS mitgeprägt, die Jugendlichen (nicht nur sie) drücken sich anders aus als vor zehn Jahren. Selbst ihre Lebensformen, Erwartungen und Hoffnungen haben sich teilweise geändert.

Ein landeskundlich ausgerichtetes Buch, das für sich in Anspruch nimmt, ein zeitgetreues Frankreichbild zu vermitteln, sollte solche Entwicklungen und Wandlungen berücksichtigen. So kam es zur vorliegenden *nouvelle édition*.

Die meisten Texte dieser Ausgabe sind nicht nur jüngeren Datums, sie sind auch in hohem Maße „jugendorientiert". Dies gilt sowohl für Themen und Textsorten als auch für die Sprache. So kann sich der Leser nun auch mit E-Mails auseinandersetzen; Internetrecherchen ermöglichen zudem neue Arbeitsformen und schaffen neue Kompetenzen.

Jedem das Seine

Die sich den Texten anschließenden Arbeitsaufträge sind als **offenes Angebot** zu verstehen. Unter ihnen kann je nach Schwerpunkt des Unterrichts, entsprechend dem Leistungsstand der Lernenden und den Interessen von Schülern* und Lehrern* *ausgewählt* werden.

Eine besondere Stellung nehmen dabei die Arbeitsaufträge ein, die auf die Festigung der in den „Strategie-Seiten" vermittelten **Lern- und Arbeitstechniken** abzielen.

Übungen zur Sprache und insbesondere zur **Grammatik** sind vornehmlich im *Cahier d'activités* zu finden, wo sie – neben Impulsen vielfältiger Art – in Form von Vertiefungs- oder Erweiterungsaufgaben gebündelt und systematisiert werden. Natürlich sind auch diese *Cahier*-Aufgaben als offenes Angebot gedacht.

Aufgaben zum **Hörverständnis** werden im vorliegendem Schülerbuch nur teilweise als richtungsgebende Einstiegsfragen angeboten. Ein detaillierter Aufgabenapparat zu *allen* auf der Begleit-CD aufgenommenen Hörverstehenstexten ist im Lehrerbuch abgedruckt.

* wobei selbstredend auch alle Schülerinnen und Lehrerinnen gemeint sind

Chapitre 1

PLANÈTE JEUNES - Les 15-25 ans

1 Fais gaffe

Tu veux naître[1], fais gaffe, c'est pas encore le jour.
Tu veux grandir,
fais gaffe, on t'en empêchera aussi longtemps que l'on pourra.
Tu veux partir, fais gaffe, t'as pas encore l'âge.
Tu veux parler, fais gaffe, tes paroles peuvent te trahir[2].
Tu veux fumer[3], fais gaffe, tu peux déranger tes voisins.
Tu veux embrasser celui que tu aimes,
fais gaffe, tu peux choquer les passants.
Tu veux traverser la rue, fais gaffe, un inconscient[4] peut foncer[5] sur toi.
Tu veux mettre de la musique, fais gaffe, il est vingt-deux heures.
Tu veux sécher[6] le cours,
fais gaffe, le proviseur[7] t'attend avec ses réprimandes[8].
Tu veux rire, fais gaffe, d'autres ont peut-être envie de pleurer.
Tu veux manger, fais gaffe, ton poids, surveille-le,
on n'accepte plus les gros.
Tu veux aimer, fais gaffe, on peut jouer avec ton cœur.
Tu veux vivre, fais gaffe, tout le monde essaie de te détruire.
Tu veux … fais gaffe, il y a toujours quelqu'un pour t'en empêcher.

Nelly, *Fais gaffe,* in: Christian Poslaniec et Dominique Verdier, *Adolescence en poésie,* Editions Gallimard, Paris.

faire gaffe *fam* faire attention - 1 **naître** → la naissance - 2 **trahir** verraten - 3 **fumer** rauchen - 4 **un inconscient** *ici:* un fou - 5 **foncer** aller très vite (*ici:* en voiture) - 6 **sécher un cours** *fam* schwänzen - 7 **le proviseur** le directeur d'un lycée - 8 **une réprimande** un reproche.

Autour du texte

1 Quelles sont vos premières impressions à la lecture de ce poème ?
(Est-ce qu'il vous plaît ? Est-ce qu'il vous touche ? Correspond-il à votre façon de voir le monde ?
Ou le trouvez-vous trop pessimiste ? trop naïf ? trop agressif ? trop monotone ?)
2 a) Qui est « *tu* », dans ce poème ? A qui s'adresse l'auteur ?
b) Derrière les « conseils » *fais gaffe*, retrouve-t-on la propre attitude *(Einstellung)* de l'auteur ou bien celle d'autres personnes ? (lesquelles ?)
c) Quel est le « message » du texte ? Personnellement, qu'en pensez-vous ?
3 Par quel vers vous sentez-vous le plus concerné ? Expliquez pourquoi.
4 Complétez le dernier vers.
5 a) Comment le poème est-il construit ? Dans quel but, à votre avis ?
b) Sur le plan de la langue, de quelle manière Nelly (l'auteur) crée-t-elle une relation directe avec le lecteur ?

- *Créativité* – Ecrivez un petit poème dans le genre de *Fais gaffe* et par lequel on pourrait « répondre » à Nelly. Vous pouvez travailler à deux et vous inspirer des éléments suivants :
pour commencer : Tu veux ... / Le monde est ... / La vie te semble ... / On te dit ... / etc.
pour continuer : eh bien, vas-y, ... / pas de panique, ... / courage, tu peux ... / reste cool et ... / etc.

2 Premier été sans parents

Avant de commencer

1 Qu'est-ce que vous aimez faire pendant les vacances ? Dites pourquoi.
2 Racontez vos dernières vacances.
3 Est-ce que vous aimez partir en vacances avec vos parents ? Pourquoi (pas) ?

« Cher papa, chère maman, ici tout va bien, le temps est au beau fixe, j'ai fait beaucoup de progrès en voile et je n'oublie pas mes devoirs de vacances ... »

En fait, il pleuvait tous les jours sur Guilvinec[1], c'était plutôt le moniteur de planche à voile qui passionnait Géraldine et la liste des verbes irréguliers anglais avait été perdue quelque part[2] entre le camping et le café ... Géraldine passait son premier été sans parents ... Loin des regards de papa-maman, Géraldine et ses trois copines avaient réussi à réaliser le rêve de leur vie d'ados[3] : trois semaines toutes seules en Bretagne, la tête pleine de fous rires. Comme quoi un beau jour on y arrive !

Sébastien, 17 ans, nous raconte : « *Le plus hard, c'est de convaincre[4] les parents qui s'imaginent bien sûr le pire. Selon eux, pour partir dans le Périgord[5], c'est tout juste s'il ne faut pas se faire vacciner[6] contre la fièvre jaune. Et puis il y a d'autres risques: les insolations[7], les piqûres[8] de serpents[9] et, bien sûr, les nanas[10] ...* »
D'après Delphine, la situation semble quand même plus simple pour les garçons : « *Mon frère, à 16 ans, était déjà parti faire du VTT[11] en Corrèze[12] avec deux mecs de sa classe, alors que*

1 **Guilvinec** un village de Bretagne - 2 **quelque part** irgendwo - 3 **un ado(lescent)** un,e jeune - 4 **convaincre qn** jdn überzeugen - 5 **le Périgord** [-gɔʀ] une région du sud-ouest de la France - 6 **vacciner** [vaksine] impfen - 7 **une insolation** Sonnenstich - 8 **une piqûre** (Ein)Stich; *ici:* Biss - 9 **un serpent** Schlange - 10 **une nana** *fam* une jeune femme - 11 **le VTT** le vélo tout terrain (Mountainbike) - 12 **la Corrèze** un département du Massif central -

moi, à 17 ans et demi, avant d'obtenir le "oui", maman a tenu[13] *à me parler seule à seule*[14] *pour m'annoncer : "Tu sais, ma chérie, il faut se méfier des garçons" et patati et patata*[15] *… On croit rêver ! En plus, à force de*[16] *voir le mal partout, on finit par flipper*[17]*.* »

C'est vrai qu'à 15, 16 ou 17 ans on se sent déjà très sûr de soi et des autres. Loin du collège et des petites habitudes, la vie a quelque chose d'excitant et c'est un peu la grande aventure avec un peu d'argent au fond de la poche.

« *Mais les vacances sans parents ne riment*[18] *pas forcément*[19] *avec grosses bêtises,* nous confie[20] Anaïs. *Mon père était sûr que je partais retrouver un garçon ou que je voulais draguer*[21] *toute la plage de Bandol*[22]*. C'est n'importe quoi*[23] *! D'accord, ma copine et moi nous n'étions pas tous les soirs au lit à 20 heures, mais ce n'est pas pour ça que j'en ai profité pour faire la folle*[24]*. Ce petit séjour a surtout été enrichissant au niveau de l'amitié qui me lie*[25] *à Florence. On s'est raconté plein de trucs, tous nos petits secrets de nanas et tout était cool et drôle, et surtout il n'y avait plus de petit frère à l'horizon pour vous lâcher*[26] *au dîner entre la purée et le poulet*[27] *: "dis, pourquoi t'as séché le lycée ce matin ?"*»

Pour d'autres, comme Rémi, l'expérience a été plus décevante : « *Loin de la maison, j'ai réalisé que la bande de copains, c'était sympa, tout le monde il est beau, tout le monde il est bronzé*[28]*, mais je me sentais un peu décalé*[29]*, comme si à peine parti je voulais déjà rentrer pour tout raconter à mes parents. Je crois que l'ambiance de la maison me manquait. Peut-être que je n'étais pas encore prêt pour l'aventure. Maintenant, j'attends que l'envie me reprenne.* »

Silja Travers, *Gigamag,* juillet-août 1993 (texte abrégé).

---

13 **tenir à (faire) qc** vouloir absolument (faire) qc - 14 **seul,e à seul,e** unter vier Augen - 15 **et patati et patata** *fam* und so weiter und so fort - 16 **à force de** + *inf.* indem man… - 17 **flipper** *fam* ausflippen - 18 **rimer** reimen - 19 **forcément** zwangsläufig - 20 **confier** anvertrauen - 21 **draguer qn** *fam* flirter avec qn - 22 **Bandol** une petite ville de la Côte d'Azur - 23 **n'importe quoi !** *ici:* völlig daneben ! - 24 **faire le fou / la folle** sich austoben - 25 **lier** binden - 26 **lâcher** fallenlassen - 27 **un poulet** Hähnchen - 28 **bronzé, e** braungebrannt - 29 **décalé, e** *ici:* voll daneben.

Autour du texte

1 Comparez la réalité (L. 1-6) au contenu de la lettre de Géraldine. Pourquoi ne dit-elle pas la vérité à ses parents ?
2 De quoi Sébastien (L. 12-18) se moque-t-il ?
3 D'après Delphine, c'est plus simple de partir seul en vacances quand on est un garçon (L. 19-20). A votre avis, a-t-elle raison ? Est-ce que vous trouvez ça « normal » ?
4 Comparez les expériences d'Anaïs (L. 34-48) et de Rémi (L. 49-58).

Au-delà du texte

- *Ecriture* – Mettez-vous à la place d'un des jeunes du texte et écrivez une carte postale à vos parents.
- *Discussion* – Mettez-vous à la place d'un(e) jeune qui veut partir seul(e) en vacances ou avec un copain ou une copine. Vous pensez que vos parents ne seront pas d'accord. Par groupes de deux :
  a) Imaginez les raisons des parents et les arguments qu'ils vont donner.
  b) Réunissez vos propres arguments pour les faire changer d'avis.
  c) Jouez le dialogue en classe.
- *Projet* – Vous voulez passer deux semaines de vacances en France avec quelques copains et copines.
  a) En petits groupes, mettez-vous d'accord sur une région ou un type d'activité, choisissez un moyen de transport et un type de logement (camping, auberge de jeunesse, hôtel, autre).
  b) Rassemblez tous les renseignements nécessaires pour bien préparer le voyage (p. ex. horaires des trains, campings ou chambres libres, prix à payer, choses à visiter, autres occupations). Utilisez l'internet et téléphonez ou écrivez aux personnes et aux offices de tourisme concernés.
  (Voir les conseils donnés pour téléphoner et rédiger des lettres, pages 115-117.)

Stratégies Retrouver le sens des mots

A quoi ça sert ?

Quand vous lisez pour la première fois un texte en français, vous y trouvez toujours des mots que vous ne connaissez pas encore. Rechercher chaque mot inconnu dans le dictionnaire, c'est fatigant. Heureusement, ce n'est pas toujours nécessaire. Il existe en effet quelques méthodes assez simples qui permettent de retrouver facilement le sens de beaucoup de mots : ce sont ces méthodes que vous (re)trouverez ici.

Comment s'y prendre ?

1 Regardez d'abord si le mot nouveau ressemble à un mot d'une autre langue que vous connaissez déjà, p. ex. à un **mot allemand, anglais ou latin** :
Le mot français a *souvent** le même sens que celui de l'autre langue, p. ex.: la musique / Musik / music / musica *(*Souvent, mais pas toujours : attention aux « faux amis » – voir ci-dessous.)*

2 Est-ce que vous connaissez déjà un autre **mot français de la même famille** ?
Si oui, les préfixes (Vorsilben) et les suffixes (Nachsilben) peuvent vous aider à préciser le sens du mot concerné *(voir page suivante).*

3 Si le mot que vous ne connaissez pas ne vous rappelle rien ou si vous n'êtes pas certain d'avoir bien deviné son sens, c'est le **contexte** qui vous aidera :
Lisez toute la phrase qui contient ce mot (et aussi les phrases qui précèdent et qui suivent), elle vous donnera une idée du sens du mot.

4 Le sens des mots composés peut se retrouver à partir des éléments déjà connus de ces mots.

A vous !

1 a) En lisant le texte 2, vous avez certainement deviné le sens des mots suivants. Dites à quels mots allemands ils vous font penser :
le risque (L. 17), profiter (L. 41), l'horizon (L. 46), la purée (L. 47).

b) Le mot français « secret » a la même orthographe et le même sens que l'anglais « secret ». « Aventure » fait penser à l'anglais « adventure », qui a le même sens. Dites à quels mots anglais les mots suivants ressemblent et quel sens ils ont :
le progrès *(intro),* réaliser (L. 8), la fièvre (L. 16), annoncer (L. 25), excitant (L. 32).

Attention, faux amis !

Les « faux amis » sont des mots qui se ressemblent dans deux langues, mais qui n'y ont pas du tout le même sens :
la *figure* (Gesicht) ≠ die *Figur* (la silhouette)
un *artiste* (Künstler) ≠ ein *Artist* (un acrobate)
ordinaire (gewöhnlich) ≠ *ordinär* (vulgaire)
un *couvert* (Eßbesteck) ≠ ein *Kuvert* (une enveloppe).
Même chose avec l'anglais et le latin :
une *journée* (Tag) ≠ a *journey (angl.:* Reise)
mettre (setzen, legen) ≠ *mittere (lat.:* schicken, loslassen).

2 a) Retrouvez le mot qui est à la base des mots suivants, puis dites ce qu'ils signifient :
passionner (L. 3), s'imaginer (L. 13), une bêtise (L. 35).

b) Regardez les préfixes mentionnés page 11, cherchez le « mot de base » qui a servi à construire les mots suivants, puis retrouvez leur signification :
irrégulier (L. 3), se méfier (L. 25), retrouver qn (L. 36), enrichissant (L. 42), reprendre (L. 58).

c) Trouvez, pour chacun des préfixes et suffixes de la liste, un mot qui le contient (autre que ceux qui sont déjà donnés en exemples…)

3 a) (Re)Lisez les lignes 19 à 27 du texte 2, p. 7-8, et dites pourquoi il est possible de deviner le sens du mot *mec.*

b) Dites quel sens prennent, dans leur contexte, les mots *rimer* (L. 34) et *lâcher* (L. 46).

c) Le sens d'un même mot peut être différent d'un contexte à un autre. Indiquez (en allemand) le sens que le verbe *mettre* prend dans les phrases suivantes :

- Mettez-vous là, s'il vous plaît.
- Il fait froid, tu devrais mettre un manteau.
- Le repas est prêt. Tu as déjà mis la table ?
- Il n'a pas encore fini ? Il en met, du temps !
- C'est l'heure des informations. Je peux mettre la radio ?

4 Expliquez ce qu'est ...

a) une boîte aux lettres ; b) un ouvre-boîte ; c) un porte-avions ; d) un centre d'accueil ; e) une auto-école ; f) un abribus.

A noter :

Dans ce livre, la plupart des mots nouveaux sont expliqués ou traduits en bas de page, mais pas tous !

Quand ce n'est pas le cas, c'est à vous de mettre en pratique les conseils donnés dans ces deux pages !

Les principaux **préfixes**

Préfixes exprimant *l'intensité, la grandeur* :

sur-	surpeuplé
super-	une superproduction
hyper-	un hypermarché
ultra-	ultramoderne

Préfixes exprimant *le contraire, le manque :*

in- (im-/ il-/ ir-)	inconnu, illisible
dé- (dés-/ dis-)	défaire qc, disparaître
mé-	méconnaître qn
mal-	malheureux
a-	anormal

Préfixes pouvant avoir des sens différents :

re- (ré-/ r-)	*(encore une fois)*	refaire qc
	(retour)	revenir
in- (im-/ il-/ ir-)	*(contraire)*	immobile
	(vers l'intérieur)	importer qc
a- (al-/ an-/ ap-)	*(contraire)*	atypique
	(rendre plus ...)	abaisser qc
sur-	*(au-dessus)*	survoler
	(exagéré)	surchargé
extra-	*(plus / meilleur)*	extraordinaire
	(en dehors)	extraterrestre

Autres préfixes courants :

pré-	*(avant)*	préadulte
co-	*(avec)*	la coopération
anti-	*(contre)*	un anticorps
é- (en-/ em-)	*(rendre plus ...)*	élargir qc
ex-	*(vers l'extérieur)*	exporter qc

Les principaux **suffixes**

Suffixes qui indiquent qu'il s'agit le plus souvent de *personnes* (ou d'adjectifs !) :

-eur, -euse	un travailleur
-teur, -trice	la narratrice
-ier, -ière	un épicier
-ien, -ienne	une pharmacienne
-ant, -ante	les passants
-iste	un(e) capitaliste
-able	un(e) comptable

Suffixes qui indiquent qu'il s'agit de choses ou d'actions *concrètes* :

-ade	une promenade
-age	le nettoyage
-ment	un bâtiment, le gouvernement

Suffixes qui indiquent qu'il s'agit de qualités ou de notions *abstraites* :

-(a)tion	une institution
-(i)té	la beauté
-esse	la richesse
-ance	la tolérance

Suffixes utilisés pour former des *adjectifs* :

-able / -ible	portable, lisible
-al, -ale	normal, e
-el, -elle	matériel, le
-ique	typique
-eux, -euse	chaleureux, -se
-ant, -ante	fatigant, e
-iste	idéaliste

3 Ringarde, la famille ?

Avant de commencer

1 Décrivez l'illustration de la page 13, tirée des *Simpsons,* une série de dessins animés américaine. Quelle impression la famille Simpson vous fait-elle ?
2 a) Pour vous, le mot *famille* va plutôt bien avec ... *facile, difficile, utile, inutile, fragile* ou *tranquille* ?
b) Dans la liste suivante, choisissez les trois mots que vous associeriez le plus facilement à *famille.*
conseils, construire, contrôle, dialogue, disputes, écoute, énergie, ennui, liberté, modèle, nécessaire, passion, plaisir, pratique, principes, règles, reproches, respect, responsable, sécurité, tolérance, traditions.
Justifiez vos choix (pour a et b).
3 Y a-t-il des choses dont vous ne pouvez pas parler avec vos parents ? (Lesquelles ?)

Ringarde, la famille ? On l'a si souvent dit et répété que les jeunes auraient dû finir par le croire. Eh bien, pas du tout : La vieille institution a su s'adapter et les jeunes y sont largement favorables[1].

Les jeunes restent de plus en plus longtemps chez leurs parents. Le phénomène est connu, les raisons aussi *(voir ci-dessous).* Conséquence, explique Olivier Galland, chercheur à l'Observatoire[2] sociologique du changement, la « jeunesse » ne correspond plus seulement à l'adolescence mais à une classe d'âge plus large, en gros, les 15 - 25 ans. D'où un changement dans les relations parents-enfants. « *Je ne sais pas comment c'était avant, mais c'est vrai qu'on sent les parents d'aujourd'hui plus tolérants* », note David, 19 ans. Difficile aujourd'hui pour les jeunes de traiter[3] leurs parents de « vieux cons ».

Bien sûr, on ira plus facilement voir les copains ou les copines en cas de problème, mais pas forcément parce que les parents ne peuvent pas comprendre. « *La famille reste synonyme de valeurs à respecter,* explique Annabelle, 21 ans, *je ne vais pas parler de sexe ou autre à mes parents, je préfère me confier à mes amis.* » Cependant[4], « *on a conscience que les amis peuvent nous lâcher alors que la famille reste un noyau*[5] *dur sur lequel on peut compter* », estime[6] Rafik, 23 ans. (1)

L'explication d'Olivier Galland, sociologue :
Comment expliquer le départ de plus en plus tardif des jeunes de chez leurs parents ?
Ce n'est pas parce que les jeunes trouveraient plus confortable de vivre avec leurs parents. En fait, ils étudient plus longtemps et ils sont surtout plus souvent chômeurs qu'avant. Car le chiffre des jeunes sans emploi augmente. Parmi[7] les chômeurs âgés de 20 à 29 ans, ils sont aujourd'hui près de 50 % à vivre chez leurs parents. (2)

L'opinion des jeunes concernés :
ERIC – À 25 ans, il veut rester encore deux ans chez ses parents. « *Nous avons des passions communes, comme le cinéma. Avec mon père, nous parlons beaucoup de sport et ma mère reste ma meilleure confidente. Je viens de commencer dans la vie active et si je devais financer un appartement, il ne me resterait plus rien* », explique-t-il. (3)
JESSICA – À 22 ans, elle va quitter la maison de ses parents : « *Je commence à gagner ma vie et j'ai envie de vivre à mon rythme ; chez mes parents, je ne peux pas passer en coup de vent*[8]*, il y a des règles à respecter.* » (4)
LAURENT – A 27 ans, il a laissé tombé les études à la fac[9]. Ce qu'il coûte à ses parents? « *Environ 4000 à 5000 F par mois. Mes parents le prennent mal. Par périodes, ils me font des remarques*[10] *du genre*[11] *: combien de temps ça va durer, cette situation ?*» (5)
CHRISTOPHE – Chômeur de longue durée, il aura 28 ans ce mois-ci et habite toujours sous le toit de ses parents. « *À un moment donné j'aurais bien voulu prendre un appart', mais je n'ai jamais gagné assez d'argent. Le plus ennuyeux, c'est que je commence à m'habituer*[12] *un peu trop à la situation.* » (6)

L'avis de Françoise Sand, conseillère familiale :
Ces 20-30 ans qui habitent encore chez leurs parents ne sont que des préadultes. On ne devient réellement[13] adulte qu'en acquérant[14] une véritable autonomie financière et en ne se croyant plus obligé de suivre la voie prévue par les parents ou de faire le contraire. Trop soutenir ses enfants matériellement, c'est une façon de les empêcher de grandir, de sous-entendre qu'ils ne peuvent pas se débrouiller seuls. (7)

(1) Michel Guyon, *Phosphore,* juillet 2000 (texte abrégé et légèrement adapté) ;
(2) *Phosphore,* novembre 1998 ; (3,6,7) *L'Express,* 8 janvier 1998 ; (4,5) *Libération,* 8 juillet 1999.

Autour des textes

1 Retrouvez le sens des mots *(voir les conseils donnés aux pages 10-11)* :
   a) A quels mots allemands, anglais ou latins les mots suivants vous font-ils penser ? Dites ce qu'ils signifient.
   le phénomène, la conséquence, commun, confortable, la valeur.
   b) Retrouvez le mot qui est à la base des mots suivants puis dites ce qu'ils signififent :
   un chercheur, le changement, tardif, véritable, prévoir, soutenir, grandir.
   c) Attention, faux-amis ! Quelle différence de sens y a-t-il entre *un appartement* (L. 45, 50) et *ein Apartment* ?
   d) A l'aide du contexte, dites ce que signifie l'expression *le prendre mal* (L. 54).
2 a) Comment Olivier Galland explique-t-il que les jeunes restent plus longtemps chez leurs parents ? (Voir les lignes 30-38.)
   b) Voyez-vous d'autres raisons à ce « phénomène » ?
3 Quel rôle jouent la famille et les amis, pour Annabelle et pour Rafik (L. 22-28) ? Etes-vous d'accord avec eux ?
4 En quoi les points de vue d'Eric et de Jessica (L. 40-51) s'opposent-ils ?
5 Comment faut-il comprendre la dernière phrase de Christophe (L. 61-62) ?

Au-delà des textes

- *Discussion* – Pour Françoise Sand, la conseillère pédagogique, « *trop soutenir ses enfants matériellement, c'est une façon de les empêcher de grandir.* » Qu'est-ce que vous en pensez ? Qu'est-ce qui est « normal », qu'est-ce qui est « trop » ?

- *Ecriture* – Choisissez un des sujets suivants :
   a) Ecrivez une lettre à une correspondante française (réelle ou fictive) au sujet de la vie de famille. Prenez une des deux positions suivantes et développez vos arguments (vous pouvez exagérer un peu) :
   « *Il fait bon vivre chez papa-maman* » ou « *Marre de cette prison ! Quand j'aurai le bac, je partirai.* »
   b) La mère de Laurent aimerait que son fils quitte enfin la maison. Elle expose son problème dans une lettre de lectrice qu'elle envoie à un magazine féminin. Mettez-vous à sa place et rédigez cette lettre.

---

ringard,e *fam* altmodisch, bieder - 1 **être favorable à qc** être pour qc - 2 **un observatoire** *ici:* Institut - 3 **traiter qn de X** appeler qn un(e) « X » - 4 **cependant** pourtant - 5 **un noyau** Kern - 6 **estimer** penser - 7 **parmi les …** unter den … - 8 **en coup de vent** de manière rapide et spontanée - 9 **la fac(ulté)** *fam* l'université - 10 **une remarque** → remarquer - 11 **du genre** *(m)* wie - 12 **s'habituer à** → une habitude - 13 **réellement** vraiment - 14 **acquérir** erwerben.

4 Finis les jeux vidéo !

Avant de commencer

1. Classez les occupations suivantes
   a) d'abord par ordre de *préférence*
   b) puis par ordre d'importance en ce qui concerne le *temps* que vous y passez :
   la lecture – la musique – la radio – la télévision – l'ordinateur – le téléphone – le cinéma – la discothèque – le sport – le shopping.
2. Si vous avez un ordinateur :
   Combien de temps passez-vous devant votre écran, en moyenne ? Pour faire quoi, et avec quels programmes ?
3. Quelles sortes de jeux électroniques connaissez-vous ?
   Quelle sorte de jeu préférez-vous ?
   Quelles qualités un « bon » jeu électronique doit-il avoir, d'après vous ?

« Plus fort que toi », disait la publicité.

– C'est ce qu'on va voir ... grogne[1] Martin en allumant son ordinateur.

Martin est déjà un expert en informatique – quand il s'agit de jouer. Il passe des heures devant son écran ... Mais cette fois, Martin s'attaque à un tout nouveau jouet[2] : la console X-215, le dernier cri de la technologie japonaise en matière de jeu vidéo. Un bijou[3], introuvable sur le marché français avant six mois ; son père, un architecte, vient tout juste de le lui rapporter[4] du Japon. Avec cette console révolutionnaire, Martin va enfin percer les secrets[5] de la réalité virtuelle : il lui suffit de mettre le casque-vidéo sur la tête et il peut pénétrer[6] dans un autre monde, un monde fantastique où tout devient possible ! Bientôt, il aura l'impression d'être « dans » le jeu, de se battre contre de vrais ennemis[7] ...

La porte s'ouvre brutalement[8] et ses parents font irruption[9] dans sa chambre. Martin baisse le nez, rentre la tête dans les épaules : ça va barder[10], il le sent. François, son père, brandit[11] son carnet de notes, rempli[12] de remarques à l'encre[13] rouge, et sa colère[14] éclate.

– Zéro en histoire-géographie ! Un avertissement[15] ! Imite la signature de sa mère ! Zéro en anglais ! Copie sur sa voisine ! 3 en français ! Absences injustifiées[16] ! Ce n'est plus un bulletin scolaire[17], c'est un casier judiciaire[18] !

– Qu'est-ce qu'il t'arrive, Martin ? demande Nathalie, sa mère ; tu as toujours été un bon élève et maintenant, ces notes, ces absences ... Explique-toi !

– Il n'y a rien à expliquer ! râle[19] François.

– Laisse-le parler, François, ce n'est pas comme ça que l'on va résoudre[20] le problème.

– Quel problème ? Ce gosse est un menteur et un paresseux, voilà tout !

Martin relève sa tête, les joues en feu, pire[21] que s'il venait d'être giflé[22]. Il fixe son père, les dents serrées, incapable de parler.

– Je ne te reconnais plus, Martin, reprend sa mère ; si quelque chose te tracasse[23], le mieux, c'est d'en parler. Avant, tu me disais tout ...

– Avant, il travaillait ! grogne son père ; aujourd'hui, il ne pense qu'à s'amuser, c'est moins fatigant ... Puisque c'est comme ça, finis les jeux vidéo !

Joignant le geste à la parole, François débranche[24] l'ordinateur.

– Et je t'interdis de toucher à ta console tant que tu n'auras pas amélioré[25] tes notes, tu m'entends ?

Cette fois, Martin réagit :

– Papa ! Non ! Pas la console ! S'il te plaît ! Je vais me remettre à travailler, et ...

– Plus de console, j'ai dit !

– Fallait pas me l'offrir, alors ! proteste Martin.

– Ne sois pas insolent[26] ! Plus un mot maintenant et file[27] dans ta chambre !

– Mais j'y suis déjà !

– Tu... Eh bien restes-y et fais tes devoirs, je t'interrogerai avant le dîner !

Antoine Lorenzi, Christian Rullier et Jean-Hugues Oppel,
Génération vidéo (texte inédit paru dans *Je bouquine,* novembre 1996).

D'après un sondage CSA réalisé en France en janvier 1999,
– 48 % des jeunes de 12 à 18 ans ont un ordinateur, dont 16 % avec accès à Internet ;
– 69 % ont une console de jeux (dont 77 % des garçons) ;
– 13 % passent plus de 6 heures par semaine devant leurs jeux vidéos.

Autour du texte

1 Qu'est-ce que le nouveau jeu de Martin a de spécial ?
2 a) Pour quelle raison les parents de Martin entrent-ils dans sa chambre ?
   b) A quelles notes allemandes correspondent un « zéro en anglais » et un « 3 en français » ?
   c) Expliquez la remarque de François « *Ce n'est plus un bulletin scolaire, c'est un casier judiciaire !* » (L. 28-29).
3 En quoi les réactions du père et de la mère de Martin sont-elles différentes ?
4 « Avant », Martin était un bon élève et « disait tout » à sa mère. Maintenant, cela a changé. Est-ce seulement la faute des jeux vidéo ou bien quelles autres raisons pourrait-il y avoir, d'après vous ?

Au-delà du texte

- *Créativité* – A votre avis, que va-t-il se passer après cette scène ? Martin va-t-il respecter l'interdiction ? Va-t-il mieux travailler à l'école ? Comment va réagir son père ? Inventez une suite.
- *Ecriture* – Réécrivez la scène, mais sans le père de Martin : La mère entre seule dans la chambre de Martin, le bulletin scolaire à la main, et Martin « s'explique ». Imaginez ses raisons puis rédigez le dialogue.
- *Discussion* – Beaucoup d'adultes sont contre les jeux vidéo. Rassemblez les arguments qu'ils donnent le plus souvent et dites dans quelle mesure vous pouvez (ou non) leur donner raison.

---

1 **grogner** brummen - 2 **un jouet** Spielzeug (→ jouer) - **3 un bijou** Schmuck(stück) - 4 **rapporter** mitbringen - 5 **percer un secret** hinter ein Geheimnis kommen - 6 **pénétrer** entrer - 7 **un ennemi** ≠ un ami - 8 **brutalement** tout à coup - 9 **faire irruption** entrer brutalement - 10 **Ça va barder.** *fam* Gleich knallt's. - 11 **brandir** schwenken - 12 **rempli,e de** plein,e de - 13 **l'encre** *f* Tinte - 14 **la colère** Wut - 15 **un avertissement** Warnung - 16 **injustifié,e** ungerechtfertigt - 17 **un bulletin scolaire** Schulzeugnis - 18 **un casier judiciaire** Vorstrafenregister - 19 **râler** *fam* meckern - 20 **résoudre** lösen - 21 **pire** plus mal - 22 **gifler** ohrfeigen - 23 **tracasser qn** poser des problèmes à qn - 24 **débrancher** ausschalten - 25 **améliorer qc** rendre qc meilleur - 26 **insolent,e** frech - 27 **filer** *ici: fam* partir en vitesse.

5 Le fast-food, c'est good !

Avant de commencer

1 a) Décrivez la scène représentée sur le dessin de Serre, ci-dessus. Est-ce que ce dessin vous rappelle une œuvre d'art ou une situation connue ? Laquelle ?
b) Inventez des petits dialogues entre plusieurs des personnages représentés.
c) Comment interprétez-vous ce dessin ? Y voyez-vous un « message » ? Si oui : lequel ?
2 Est-ce que vous aimez aller au fast-food ? Pour quelles raisons ?

Les parents n'aiment pas

Les parents n'aiment pas trop ça. Ils disent que la nourriture n'est pas bonne, mais on sent bien que ce n'est pas cela qui les ennuie le plus. Non, ce qu'ils n'aiment pas, c'est les couleurs, le style, la vie américaine. On n'insiste pas trop – c'est très bon de sentir que les parents détestent cet endroit : du coup, on a beaucoup plus envie d'y aller soi-même.[1] (1)

McDo, c'est français !

Symbole de l'Amérique, donc ennemi idéal pour les paysans français et autres adversaires[2] de la globalisation, la chaîne de restaurants McDonald est victime d'attaques répétées. A tort[3], puisque « McDo, c'est français », comme l'affirme Etienne Aussedat, directeur de la communication de McDonald France.

Okapi : Affirmer que McDo, c'est français, c'est pour rigoler ?

Etienne Aussedat : Non, c'est une réalité. La marque est américaine mais nous ne sommes pas une entreprise américaine. Nous sommes une entreprise française. Il y a 250 restaurants McDo en France qui emploient 30 000 personnes. Nous faisons aussi travailler des milliers de paysans qui cultivent[4] pour nous des produits. Les produits vendus dans nos restaurants sont 100 % français. La viande de nos hamburgers, c'est du pur bœuf français, la moutarde, c'est la moutarde[5] française. Pareil[6] pour la salade, les pommes de terre ou la farine[7].

Tous vos produits sont made in France, promis juré[8] ?

En tout cas, 80 % de nos produits. Le reste est acheté en Europe. Je vais vous faire un aveu[9] : seuls les grains de sésame qui couvrent nos petits pains ne sont pas européens. (2)

On ne mange pas si mal

C'est rapide, c'est pas cher, on peut y aller entre copains et manger avec les doigts[10] : le fast-food, c'est good ! Restent quand même le goût[11], la qualité des produits et, bien sûr, leur impact[12] sur notre ligne. La nutritionniste[13] Béatrice Cotelle, du CFES (Comité français d'éducation pour la santé), a testé les menus. Conclusion : On ne mange généralement pas si mal dans les fast-food ... à condition de ne pas en abuser[14]. (3)

Allez sans crainte au fast-food !

L'équation[15] « McDo = malbouffe[16] » est présentée aujourd'hui comme une vérité scientifique. Sans preuve[17]. Le hamburger – simple morceau de viande hachée dans un petit pain – n'est pas en soi un mauvais aliment[18]. *« C'est une source de protéines pas chère pour des gens qui n'ont pas les moyens de s'en payer autrement,* remarque Paule Neyrat, diététicienne[19]. *Mais il faut éviter l'association avec les frites. L'apport en graisses[20] est alors trop important. »* Le déséquilibre[21] devient encore plus inquiétant lorsque le client termine son repas par une grosse glace et un « maxi-soda » très sucré. Sur le plan diététique, la nourriture fast-food n'est d'ailleurs pas la pire. Des médecins en ont apporté la preuve. Ils ont calculé la valeur calorique d'un repas pris dans l'une des sept grandes tables[22] lyonnaises. Elle est très élevée[23] : 2550 kilocalories en moyenne. Avec un taux[24] de graisses entre 51 et 53 %. Ce qui est largement supérieur aux normes recommandées (environ 1000 kilocalories pour un repas de midi). L'apport énergétique d'un menu en restauration rapide est bien moindre[25] et plus proche[26] des normes : 890 kilocalories. (4)

(1) Extrait de : Philippe Delerm, *C'est bien,* Editions Milan 1998 ;
(2) Extrait de : *Okapi,* 15 décembre 1999 ;
(3) Delphine Parickmiler, *Phosphore,* novembre 1999 ;
(4) L'Express, 18 mai 2000.

Autour des textes

1 Retrouvez le sens des mots.
 a) Cherchez dans les textes cinq mots qui vous rappellent un mot allemand et cinq mots qui vous rappellent un mot anglais.
 b) Dites quel sens les mots suivants prennent dans leur contexte : *une victime* (L. 14), *un grain* (L. 35), *hachée* (L. 51).

2 a) D'après l'écrivain Philippe Delerm (L. 1-9), pourquoi les parents n'aiment-ils pas les fast-food ?
 b) Etes-vous d'accord avec ce qu'il dit dans sa dernière phrase ?

3 *« McDo, c'est français. »* Par quels arguments Etienne Aussedat justifie-t-il cette affirmation ?

4 Qu'est-ce qui attire les jeunes dans les fast-food, d'après Delphine Parickmiler (3ème texte) ?

5 a) Relevez dans l'article de *l'Express* ce qu'il faudrait *éviter* de faire, au fast-food.
 b) D'après cet article, quels avantages *(Vorteile)* les fast-food ont-ils ?

Au-delà des textes

- *Créativité* – Inventez une série de slogans *pour* ou *contre* les fast-food. (Les slogans doivent être courts, si possible humoristiques ou ironiques ; il peuvent aussi rimer : *hamburger / mal au cœur,* par exemple.)
- *Internet* – A l'adresse http://www.globenet.org/ape/svinternet/matos/matosmacrot.html, vous trouverez la « campagne anti-McDo » de l'association *Agir pour l'environnement.* Que pensez-vous de cette campagne ? Rassemblez les critiques faites aux fast-food et prenez position pour ou contre.

---

1 **soi-même** (sich) selbst - 2 **un adversaire** un ennemi - 3 **à tort** zu Unrecht (≠ à raison) - 4 **cultiver** anbauen - 5 **la moutarde** Senf - 6 **pareil, le** identique - 7 **la farine** Mehl - 8 **jurer** schwören - 9 **un aveu** Geständnis - 10 **un doigt** Finger - 11 **le goût** Geschmack - 12 **un impact** une conséquence - 13 **un,e nutritionniste** Ernährungswissenschaftler(in) - 14 **abuser de qc** prendre trop de qc - 15 **une équation** Gleichung - 16 **la malbouffe** *fam* schlechtes Essen - 17 **une preuve** Beweis - 18 **un aliment** ce qu'on mange - 19 **une diététicienne** Ernährungsberaterin (→ diététique) - 20 **la graisse** Fett - 21 **le déséquilibre** Ungleichgewicht - 22 **une table** *ici:* un restaurant - 23 **élevé,e** haut, grand - 24 **un taux** un pourcentage - 25 **moindre** plus petit - 26 **proche** près.

6 Bien dans son corps, bien dans sa tête

Avant de commencer

1 Rassemblez tous les mots que vous connaissez et qui désignent des parties du corps. (Vous pouvez faire un « filet de mots » – *voir alors les conseils donnés à la page 109.*)
2 Quand vous rencontrez quelqu'un pour la première fois, qu'est-ce que vous regardez en premier ? Pourquoi ?
3 Regardez les dessins de Dab's, ci-dessous. Est-ce que vous trouvez cette situtation amusante ? Dites pourquoi.

S'aimer comme on est, vivre sans complexes, c'est une grande chance … que tout le monde n'a pas, malheureusement. Trop petit, trop grand, trop gros, le nez trop long, les seins[1] trop petits : les raisons de se plaindre ne manquent pas, surtout chez les jeunes …

Jérôme, 18 ans : « À mon âge, l'apparence[2] physique compte beaucoup. »
« Il me semble qu'à mon âge, l'apparence physique a énormément d'importance : les gens jugent[3] beaucoup là-dessus. Chez moi, les complexes, ça dépend[4] complètement de l'humeur[5]. Il y a des jours où je n'y pense pas du tout et d'autres où je fais carrément[6] une fixation. Mais je me rends compte qu'on voit dix fois plus ses propres défauts[7] que ceux des autres. »

Marie, 17 ans : « Je suis beaucoup moins complexée qu'au collège. »
« Au collège, je portais toujours un pull autour de la taille pour cacher mes rondeurs[8]. Mais depuis la seconde, je suis beaucoup moins complexée. Je trouve qu'à partir du lycée on fait plus attention à la personnalité qu'au physique. Et puis, je me suis rendue compte que je pouvais tout à fait plaire avec mes défauts. Parfois, quand je vois les filles super bien foutues[9] à la télé, je me dis que je vais faire un peu plus attention à ce que je mange. Mais en général, ça s'arrête aux bonnes résolutions[10]. Tant que je me sens bien … »

Julie, 20 ans : « Je me suis fait refaire le nez. »
« Avant, j'avais un vrai pif[11] de sorcière. Depuis toute petite, je voulais en changer. À 17 ans, je suis allée à l'hôpital pour me faire opérer. Le médecin m'a conseillé l'intervention[12], mais il a insisté sur le fait qu'elle ne transformerait pas ma vie. Aujourd'hui, je ne regrette pas d'avoir fait appel à la chirurgie esthétique[13]. J'en ai reparlé récemment[14] à mes parents qui m'ont avoué[15] que mon ancien nez était vraiment monstrueux. Bien sûr, il ne faut pas prendre ça à la légère. Mais quand on en a véritablement besoin, pourquoi pas ? »

La réponse d'une conseillère : « Apprenez à apprivoiser[16] vos complexes ! »
Faire quelques petites fixations sur son apparence n'a rien d'anormal. Le tout, c'est d'essayer de ne pas les prendre trop au tragique. En fait, plus le temps passe, plus on trouve son propre style. Et mieux on s'accepte comme on est, plus on est beau ! Rien de tel[17] pour avoir du charme que de se sentir bien dans son corps.

Autour des textes

1 a) Pourquoi Jérôme trouve-t-il l'apparence physique importante ?
b) A votre avis, est-ce vraiment une question d'âge ?
c) Etes-vous d'accord avec sa dernière phrase ? Justifiez votre opinion.

2 a) Quel problème Marie avait-elle avant d'entrer au lycée ?
b) Sur quel point l'opinion de Marie est-elle opposée à celle de Jérôme ?

3 Que veut dire le médecin quand il annonce à Julie qu'une opération ne transformera pas sa vie (L. 28-30) ?

4 a) Quel est le « message » de la journaliste Marion Joseph aux jeunes qui s'expriment dans ces textes ?
b) Quelle réponse Julie pourrait-elle lui donner ?
c) Vous-même, que pensez-vous de ce message ?

Au-delà des textes

- *Discussion* – Choisissez un des sujets suivants :
  a) Qu'est-ce qui est plus important : avoir quelques kilos de trop mais se sentir bien dans son corps ou faire beaucoup d'efforts pour que les autres vous trouvent beau ou belle ?
  b) Est-ce que vous trouvez « normal » de corriger la nature à l'aide de la chirurgie esthétique ? (Dans quels cas est-ce que vous seriez pour une opération ? dans quels cas contre ?)
  c) La beauté est-elle objective et absolue ou n'est-elle qu'une sorte de mode créée par les médias ?
- *Ecriture* – Mettez-vous à la place d'un garçon de 17 ans très complexé parce qu'il se trouve trop petit ou d'une fille du même âge très complexée parce qu'elle se trouve trop grande.
  a) Ecrivez à un magazine pour la jeunesse pour exposer votre problème et demander conseil.
  b) Mettez-vous ensuite à la place d'un lecteur ou d'une lectrice de ce magazine et répondez à cette lettre que vous avez lue dans le courrier des lecteurs (voir a)

---

le corps Körper - 1 **un sein** Brust - 2 **l'apparence** *f* Aussehen (→ apparaître) - 3 **juger** urteilen - 4 **dépendre de** abhängen von - 5 **une humeur** Laune - 6 **carrément** complètement - 7 **un défaut** ≠ une qualité - 8 **une rondeur** → rond - 9 **foutu,e** *fam* fait; *ici:* gebaut - 10 **une résolution** une intention - 11 **le pif** *fam* le nez - 12 **une intervention** *ici:* une opération - 13 **la chirurgie esthétique** Schönheitschirurgie - 14 **récemment** il y a peu de temps - 15 **avouer** gestehen (→ un aveu) - 16 **apprivoiser qc** zähmen; *ici:* vivre avec qc - 17 **rien de tel ... que** es gibt nichts Besseres ... als.

7 Séropositive !

Extrait de *JO*, de Derib. Editions du Lombard, Bruxelles 1999

le SIDA AIDS - **le HIV** / **le VIH** Virus de l'Immunodéficience Humaine - **des dégâts** *m* Schäden - **un traitement** ensemble des moyens utilisés pour soigner qn - **se contenter de qc** sich mit etw. begnügen.

Autour de la BD

1 Quelles sont vos premières impressions, vos pensées ou vos sentiments après la lecture de cette bande dessinée ?
2 a) Qui sont les trois personnes représentées dans cet extrait de BD et pourquoi se sont-elles rencontrées ?
b) Quelle est l'« information » principale de cette scène ?
c) De quoi est-ce que Jocelyne peut bien se souvenir à la fin de l'extrait ?
3 Imaginez ce qui va se passer après cet extrait (Qu'est-ce qui va changer dans la vie de Jocelyne ? Comment vont réagir ses amis et sa famille ? etc.)

Vrai ou faux ?

1 On peut devenir séropositif après un seul rapport sexuel.
2 Un séropositif finit toujours par avoir le sida.
3 Le sida est une maladie mortelle.
4 Une femme court plus de risques qu'un homme.
5 La pilule protège contre le virus du sida.
6 On peut devenir séropositif si on boit dans le verre de quelqu'un qui a le sida.
7 On peut devenir séropositif si on embrasse un copain ou une copine qui a le sida.
8 Les drogués risquent le sida s'ils échangent leurs seringues *(Spritzen).*

8 Grandir au temps du sida

Avant de commencer

Avec lesquelles de ces affirmations êtes-vous plutôt d'accord ?
a) Le sida, je n'ai pas envie d'en parler. De toute façon, ça ne changerait rien.
b) Les adultes n'arrêtent pas de nous faire la morale au sujet du sida. J'en ai marre.
c) Vivre, c'est prendre des risques. On ne peut pas toujours se protéger contre tout.
d) Pas besoin d'aller faire un test : Si j'ai le virus du sida, ce n'est pas le test qui me sauvera.
e) Utiliser un préservatif, c'est le seul moyen de se protéger contre le sida.
f) Utiliser un préservatif, c'est montrer qu'on n'a pas confiance dans sa (ou son) partenaire, c'est pas sympa.
g) Utiliser un préservatif, c'est montrer qu'on respecte sa (ou son) partenaire.

Les jeunes et le sida

– À l'échelle[1] mondiale, les 15-25 ans constituent[2] le groupe le plus exposé au risque de contamination[3] par le virus du sida.
– Plus des trois quarts des 15-18 ans affirment avoir utilisé un préservatif lors de leur premier rapport sexuel.
– 28 % des jeunes vivant une relation durable abandonnent le préservatif après s'être mutuellement soumis[4] à un test de dépistage[5]. La pilule devient alors, souvent, l'unique moyen de contraception[6] du couple. Ce qui peut poser problème en cas d'infidélité.
– 11 % des jeunes pensent que l'apparition[7] de nouveaux traitements plus efficaces[8] rend moins importante l'utilisation des préservatifs. Ce qui, bien entendu, est une grave erreur.
– 10 % des 15-18 ans ne prennent strictement aucune précaution[9] en matière de sexualité.
– Il existe aujourd'hui 126 centres de dépistage anonyme et gratuit du virus VIH. L'autorisation parentale n'est pas nécessaire pour les mineurs[10].

Sources :
Comité français d'éducation pour la santé ;
Agence nationale de recherche sur le sida (ANRS) ;
Organisation mondiale de la Santé (OMS); ONUSIDA (Programme de recherche des Nations unies sur le sida).

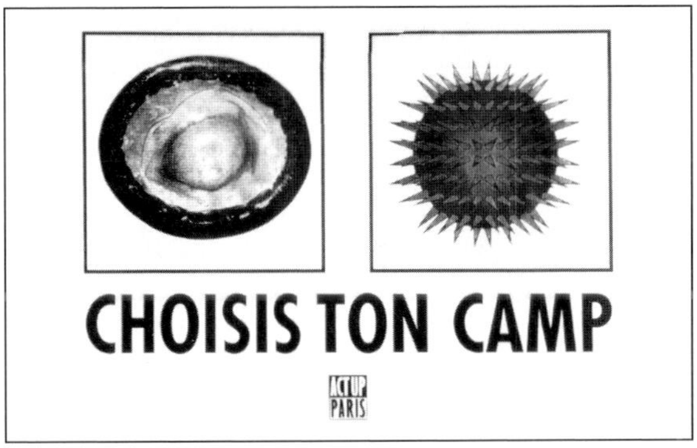

Léa, 19 ans : « La vie est plus importante qu'un moment de plaisir. »

« À chaque fois que je suis sortie avec un garçon, j'ai systématiquement[11] utilisé un préservatif. La question ne se pose même pas. J'ai déjà eu des occasions où le garçon n'avait pas de préservatif, j'ai refusé de faire l'amour avec lui. Même si cela casse un peu l'ambiance, l'utilisation du préservatif ne m'a jamais posé de problèmes. Cela se fait de manière naturelle. Et je pense que c'est général chez les gens de ma génération. La vie est plus importante qu'un moment de plaisir ! Quand je suis restée un an et demi avec le même garçon, on a fait un test HIV au bout de trois mois, avant de ne plus utiliser de préservatif et de passer à la pilule. On se faisait confiance[12] sur notre fidélité. Dans ma famille, on a toujours parlé très librement de tout ce qui touche à la sexualité. C'est une bonne chose. Cela évite les tabous[13], les mensonges[14] ... et sans doute[15] pas mal de bêtises ! »

Mathieu, 20 ans: « Je n'ai jamais fait de test pour le sida. »

« Lorsque j'ai eu mon premier rapport sexuel, j'avais le préservatif dans la poche, mais je ne savais pas trop à quel moment le sortir. Comme elle ne m'a rien demandé, on a fait sans ! Il faut dire qu'on avait un peu bu et qu'on n'était pas très clairs. C'était la première fois pour elle aussi ... Depuis, je fais beaucoup plus attention et j'utilise toujours un préservatif. Avec une amie, on est restés ensemble presque un an. Au bout de quatre mois, on en avait marre des préservatifs, alors elle s'est fait prescrire[16] la pilule. C'est vrai que ça change tout. Je n'ai jamais fait de test pour le sida. Franchement[17], je n'en vois pas la nécessité[18] ... »

Chaque jour dans le monde, 7000 jeunes de moins de 24 ans sont infectés par le virus HIV.

Autour des textes

1 Retrouvez le sens des mots *(voir les pages 10-11)*. Lisez la case-info « les jeunes et le sida ».
   a) Dites à partir de quels noms les adjectifs suivants ont été construits et donnez leur signification : *mondiale, durable, parentale.*
   b) A partir de quels verbes les noms suivants ont-ils été construits ? Indiquez la signification de ces trois noms. *l'apparition, l'utilisation, l'autorisation.*
   c) A partir de quel adjectif le mot *infidélité* est-il construit ? Précisez la fonction du préfixe et du suffixe.
2 Dites quel sens les mots suivants prennent dans leur contexte : *sortir* (L. 3), *toucher* (L. 19), *clair* (L. 29).
3 Relevez dans la case-info les informations qui vous paraissent les plus importantes.
4 Concrètement, comment est-ce que Léa se comporte face à la menace du Sida ?
5 a) Comparez les récits de Mathieu et de Léa : Qu'est-ce qu'ils ont en commun ?
   b) En quoi les comportements des deux jeunes sont-ils différents ? Qui vous semble le plus raisonnable ?
   c) Mathieu ne « voit pas la nécessité » de faire un test. Et vous, dans son cas, vous la verriez ? Expliquez.

(Au-delà des textes : voir page suivante.)

1 **l'échelle** *f ici:* le rang, le niveau - 2 **constituer** former - 3 **la contamination** Ansteckung - 4 **se soumettre à (un test)** passer, faire - 5 **un test de dépistage** Aidstest - 6 **la contraception** Empfängnisverhütung - 7 **l'apparition** *f ici:* Aufkommen - 8 **efficace** wirksam - 9 **une précaution** qc pour se protéger - 10 **un mineur** qn qui n'a pas encore 18 ans - 11 **systématiquement** *ici:* chaque fois - 12 **la confiance** Vertrauen (→ confier) - 13 **un tabou** qc dont on ne parle pas - 14 **un mensonge** ≠ une vérité - 15 **sans doute** certainement, sûrement - 16 **prescrire** verschreiben - 17 **franchement** *ici:* um ehrlich zu sein - 18 **la nécessité** → nécessaire.

Au-delà des textes

- *Ecriture* – Rédigez une réponse (fictive) à Mathieu pour le courrier des lecteurs d'un magazine pour la jeunesse.
- *Discussion* – a) La confiance en l'autre suffit-elle pour se protéger contre le sida ?
  b) A votre avis, à qui s'adresse l'affiche d'Act up, en haut de la page 23 ? Quel est son « message » ? Comment trouvez-vous cette affiche ? (efficace ? primitive ? choquante ? etc.)
- *Internet* – Le site http://www.vih.org regroupe toute une série d'associations de lutte contre le sida. Choisissez *une* de ces associations, allez visiter son site internet, relevez les informations les plus intéressantes puis présentez l'association à vos camarades.
- *Projet* – Préparez une campagne d'information pour sensibiliser les autres élèves au thème du sida (dessinez des affiches, formulez des slogans, inventez des sketchs, etc.).

9 Pour ou contre la pilule du lendemain ?

Avant de commencer

– Le 17 janvier 1777, une jeune femme de 22 ans est décapitée[1] à Karlsruhe.
Elle avait tué son enfant à la naissance parce que le père, un militaire, n'avait pas eu la permission de l'épouser[2].
– Le 2 mars 2000, on découvre dans les toilettes de la cité scolaire d'Angoulême un sac en plastique contenant le corps sans vie d'un nouveau-né. La mère, une élève de l'internat, avait 17 ans.

a) Quels sentiments ou quelles réactions vous inspirent ces deux « faits divers » ?
b) Comparez-les. Essayez d'expliquer pourquoi les deux jeunes femmes ont agi comme elles l'ont fait.
c) Faites quelques propositions qui permettraient d'éviter un drame comme celui d'Angoulême.

Dix mille grossesses[3] non désirées chez des filles mineures, dont 6000 finissent par un avortement[4]. Les interruptions de grossesse en France concernent des filles de plus en plus jeunes. Ce constat, dans le rapport du professeur Uzan remis au gouvernement en novembre 1998, a convaincu celui-ci de lancer[5] une grande campagne d'information sur la sexualité et la contraception. Parallèlement, Ségolène Royal, ministre déléguée[6] à l'Éducation nationale, a annoncé la prochaine mise à disposition[7] des infirmières de lycée et de collège du NorLevo, la fameuse[8] pilule du lendemain.
La campagne d'information, tout le monde est d'accord, il était temps de la faire. Le rapport Uzan insiste sur *« le grave déficit d'information chez les jeunes en matière de contraception ».*
Cependant, si tout le monde est d'accord sur la nécessité de cette campagne, l'idée de distribuer la pilule du lendemain en milieu scolaire déclenche[9] la polémique. « *Nous avons conscience que c'est un sujet délicat mais ce sera distribué à titre exceptionnel, pour les cas de détresse[10], d'extrême urgence. Nous avons pensé aux jeunes filles qui n'ont pas toujours accès[11] à l'information* », insiste-t-on au ministère. Dans leur ensemble, les professionnels de santé, infirmières, centres de planning familial, ont plutôt approuvé[12] cette mesure[13]. Mais d'autres sont plus réservés, comme la PEEP, fédération de parents d'élèves : « *L'école doit assurer l'éducation sexuelle mais ce n'est pas son travail de distribuer des pilules du lendemain* », explique Marie-Christine Molinari, porte-parole[14] de la PEEP. Celle-ci préférerait une politique de prévention[15] beaucoup plus offensive : « *Au lycée, c'est presque trop tard, c'est dès[16] l'école primaire qu'il faut apprendre les bons comportements en matière de sexualité* », souligne Marie-Christine Molinari. (1)

---

1 **décapiter qn** couper la tête de qn - 2 **épouser qn** se marier avec qn - 3 **une grossesse** Schwangerschaft (→ grosse) - 4 **un avortement** Schwangerschaftsabbruch - 5 **lancer** *ici:* mettre en route - 6 **un,e ministre délégué,e** *in etwa:* Staatssekretär/in - 7 **la mise à disposition** *(f)* Zurverfügungstellen - 8 **fameux, -euse** *ici:* berühmt-berüchtigt - 9 **déclencher** auslösen - 10 **la détresse** Verzweiflung - 11 **l'accès** *(m)* **à qc** *ici:* la possibilité d'avoir qc - 12 **approuver qc** être pour qc - 13 **une mesure** Maßnahme - 14 **un(e) porte-parole** Sprecher/in ▶

Qu'en pensent les adultes ?

– *Annie Filloux, infirmière scolaire :* Je vais évidemment beaucoup discuter avant de la donner. Et puis je suivrai les lycéennes, pour qu'elles aient une vraie contraception. Si elles ne le veulent pas, je ne préviendrai[17] pas les parents. Mais j'essaierai de permettre le dialogue familial.

– *Philippe Delpont, 45 ans, militaire, deux enfants :* Je suis absolument contre. On cautionne[18] l'absence de morale en laissant croire à nos enfants que l'on peut faire n'importe quoi[19] et le réparer sans plus de conséquences. Je suis favorable à l'information et à la prévention mais ce n'est pas à l'école de prendre la place des parents. (2)

Et les jeunes ?

– *Julie* : Je suis contre. L'usage[20] de cette pilule ne doit pas être banalisé[21]. C'est une sorte de mini-avortement. En cas de besoin, il y a la pharmacie ou la PMI (Protection maternelle et infantile).

– *Lucie* : C'est une bonne nouvelle. En cas d'urgence ! Mais il ne faut pas oublier de se protéger des MST[22] !

– *Vincent* : Distribuer la pilule du lendemain, c'est une manière de dire « passez-vous de la capote[23], ça risque rien ». Je vous laisse méditer[24] dessus.

– *Camille* : Il faudrait quand même que les mecs soient capables d'anticiper[25] un peu.

– *Claire* : Une amie est tombée enceinte[26]. Et le temps qu'elle se procure[27] une pilule du lendemain sans que ses parents le sachent, il était trop tard. Elle a eu un avortement. Alors forcément, je suis pour la distribution au lycée.

– *Aude* : C'est pas facile de réparer quand on fait une connerie[28]. Aller à la pharmacie, c'est pas évident pour garder l'anonymat. Au lycée, c'est mieux.

– *Kris* : Le lycée, c'est bien pour la proximité[29]. C'est plus proche que le centre de planning familial, mais pour ce qui est de l'anonymat, c'est pas top[30] … (3)

– *Et vous*, qu'en pensez-vous ?

(1) Béatrice Toulon, *Phosphore,* janvier 2000 (texte abrégé et légèrement simplifié) ;
(2) *Aujourd'hui,* 6 janvier 2000 ;
(3) © *Bayard,* juillet 2000.

Autour des textes

1 Retrouvez le sens des mots *(voir les pages « stratégies », p. 10-11).*
  a) A partir de quels mots allemands ou anglais peut-on deviner le sens des mots suivants ?
  insister (L. 16), *un déficit* (L. 16), *un ministère* (L. 26), *le planning* (L. 28), *une fédération* (L. 30).
  b) Quel sens les mots suivants prennent-ils dans leur contexte ?
  délicat (L. 22), *assurer* (L. 31), *souligner* (L. 39).
2 Qu'est-ce que le NorLevo ? Dans quelles conditions peut-on prendre ce genre de produit ?
3 Qui a décidé de mettre le NorLevo à la disposition des élèves et pourquoi ?
4 a) Quelles catégories de personnes sont « plutôt pour » la pilule du lendemain à l'école ? Lesquelles sont « plutôt contre » ?
  b) Relevez dans les trois parties du texte les arguments *pour* et les arguments *contre* cette pilule à l'école.
  c) Classez ces arguments par ordre d'importance puis répondez à la dernière question du texte (ou dites de quelle opinion vous vous sentez le plus proche).

Au-delà des textes

- *Internet* – A l'aide d'un moteur de recherche français (Voilà, Wanadoo, Nomade, Lokace, Excite, etc.), retrouvez au moins un site qui vous renseigne sur le fonctionnement et les effets de la pilule du lendemain et, plus précisément, du NorLevo.
- *Discussion* – Choisissez l'un des sujets suivants.
  a) Cette affaire de pilule du lendemain ne regarde que les filles : D'accord ou pas d'accord ?
  b) D'après la PEEP, avec une prévention efficace, on ne devrait plus avoir besoin de la pilule du lendemain. Comment faut-il organiser cette prévention pour qu'elle soit efficace ?
  c) D'après Philippe Delpont, « ce n'est pas à l'école de prendre la place des parents. » Cependant, d'après beaucoup de pédagogues, l'école est trop souvent *obligée* de prendre la place des parents. Qui a raison ? Prenez position, si possible à partir d'exemples concrets.

---

15 **la prévention** Vorbeugung - 16 **dès** (schon) ab - 17 **prévenir** *ici:* informer - 18 **cautionner qc** etw. gut heißen - 19 **n'importe quoi** *ici:* tout ce qu'on veut - 20 **l'usage** *m* Gebrauch - 21 **banaliser qc** rendre qc courant - 22 **une MST** une maladie sexuellement transmissible - 23 **une capote** *fam* un préservatif - 24 **méditer** *ici:* réfléchir - 25 **anticiper** voraussehen - 26 **tomber enceinte** schwanger werden - 27 **se procurer qc** aller chercher qc - 28 **une connerie** *fam* une bêtise - 29 **la proximité** Nähe - 30 **top** *fam* idéal.

Stratégies Bien utiliser les dictionnaires

A quoi ça sert ?

Quand vous trouvez dans un texte français un mot que vous ne connaissez pas encore, vous pouvez souvent deviner son sens (voir « *Retrouver le sens des mots* », p. 10). Mais ce n'est pas toujours possible. C'est alors le dictionnaire *unilingue* (einsprachig) qui vous donne les informations nécessaires pour comprendre le sens de ce mot. Ce dictionnaire peut aussi vous aider à rédiger vos textes en français. Le dictionnaire *bilingue* (zweisprachig) vous aide à vérifier si vous avez bien compris les mots d'un texte ; il sert aussi à les traduire.

Comment utiliser le dictionnaire unilingue ?

Pour rechercher le sens d'un mot :

1 Cherchez ce mot parmi les **entrées** (Einträge). S'il n'y a pas d'entrée pour ce mot, cherchez l'entrée d'un verbe, d'un nom ou d'un adjectif de la même famille (p. ex. : S'il n'y a pas d'entrée pour « discutable », vous trouverez certainement ce mot sous l'entrée « discuter »).
2 Lisez la **définition** de ce mot.
3 S'il y a plusieurs définitions, lisez aussi les **exemples** proposés pour chaque définition. Choisissez l'exemple qui se rapproche le plus de votre contexte : La définition correspondant à cet exemple est souvent celle qui convient.
4 Aidez-vous des **synonymes** et des **antonymes** que vous pouvez trouver à l'entrée de ce mot.
5 Si vous ne comprenez pas bien l'un des mots de la définition ou des exemples, cherchez ce mot parmi les entrées de votre dictionnaire unilingue (ou bilingue).

Pour compléter vos informations sur un mot :

1 Cherchez ce mot parmi les entrées (ou sous l'entrée d'un mot de la même famille).
2 Relevez les informations dont vous avez besoin (genre, conjugaison, emploi, etc. *Voir ci-dessous).*

Voici un extrait du *Micro Robert Poche,* de PONS. Pour chaque entrée, ce dictionnaire indique :

1 *l'orthographe* du mot concerné ;
2 sa *prononciation ;*
3 sa classe ou sa *catégorie grammaticale* ;
4 pour les noms : leur *genre ;*
pour les verbes : le numéro de leur tableau de *conjugaison* (à la fin du dictionnaire) ;
5 une ou plusieurs *définition(s).*

Le dictionnaire indique aussi souvent :

6 des *exemples* d'utilisation ;
7 des *locutions* (feste Redewendungen) ou autres expressions construites avec ce mot ;
8 des *synonymes* et/ou des *antonymes ;*
9 d'autres *mots de la même famille ;*
10 la *catégorie stylistique* de ces mots et expressions.

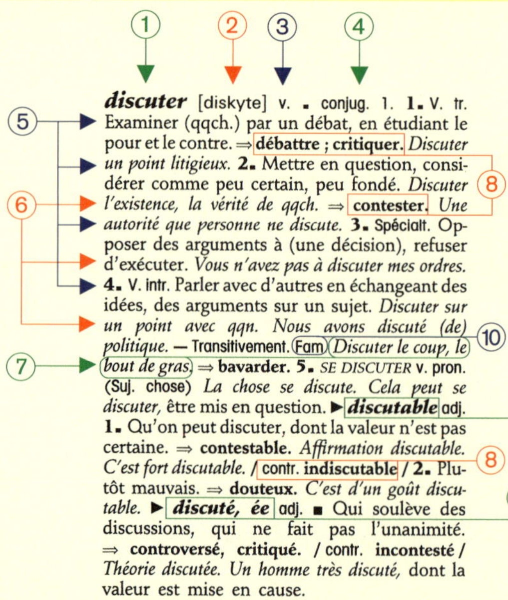

discuter [diskyte] v. ▪ conjug. 1. **1.** V. tr. Examiner (qqch.) par un débat, en étudiant le pour et le contre. ⇒ **débattre ; critiquer.** *Discuter un point litigieux.* **2.** Mettre en question, considérer comme peu certain, peu fondé. *Discuter l'existence, la vérité de qqch.* ⇒ **contester.** *Une autorité que personne ne discute.* **3.** Spécialt. Opposer des arguments à (une décision), refuser d'exécuter. *Vous n'avez pas à discuter mes ordres.* **4.** V. intr. Parler avec d'autres en échangeant des idées, des arguments sur un sujet. *Discuter sur un point avec qqn. Nous avons discuté (de) politique.* — Transitivement. Fam *Discuter le coup, le bout de gras,* ⇒ **bavarder. 5.** *SE DISCUTER* v. pron. (Suj. chose) *La chose se discute. Cela peut se discuter,* être mis en question. ▶ ***discutable*** adj. **1.** Qu'on peut discuter, dont la valeur n'est pas certaine. ⇒ **contestable.** *Affirmation discutable. C'est fort discutable.* / contr. **indiscutable** / **2.** Plutôt mauvais. ⇒ **douteux.** *C'est d'un goût discutable.* ▶ ***discuté, ée*** adj. ▪ Qui soulève des discussions, qui ne fait pas l'unanimité. ⇒ **controversé, critiqué.** / contr. **incontesté** / *Théorie discutée. Un homme très discuté,* dont la valeur est mise en cause.

A vous !

1 Recherchez les abréviations suivantes dans le texte de l'entrée « discuter ». Que signifient -elles ?
a) v. tr. b) v. intr. c) v. pron. d) adj. e) suj. f) contr. g) conjug. h) fam.

Prenez maintenant votre dictionnaire unilingue pour faire les exercices suivants.

2 Au début du dictionnaire, vous trouverez une « liste des abréviations ». Cherchez-y les abréviations utilisées pour : a) les noms masculins et féminins ; b) les adverbes ; c) les conjonctions ; d) les prépositions ; e) le participe passé ; f) le sens figuré d'un mot ; g) la langue populaire ; h) la langue littéraire ; i) la langue vieillie.

3 Cherchez les différents sens des mots suivants, tirés du texte 9, p. 24-25, et indiquez celui qui correspond le mieux au contexte :
a) le *milieu* scolaire (L. 20) ; b) un *sujet* délicat (L. 22) ; c) *passez*-vous de la capote (L. 66).

4 Cherchez dans votre dictionnaire le mot *évident* (p. 25, L. 77).
a) Quels synonymes trouve-t-on dans le dictionnaire ? b) Quels antonymes y trouve-t-on ?
c) Indiquez les mots de la même famille que vous trouverez sous la même entrée.

5 Pour chacun des mots suivants, tirés du texte 9, trouvez un synonyme qui respecte le contexte.
a) fameuse (L. 12) ; b) approuver (L. 29) ; c) l'usage (L. 58) ; d) remis (L. 6).

6 Recherchez l'expression *en matière de* (p. 24, L. 17). Sous quelle entrée se trouve-t-elle ?
a) Remplacez cette locution par une autre expression courante.
b) Relevez plusieurs autres locutions construites avec le mot *matière* et indiquez le sens qu'elles ont.

7 Recherchez le mot *porte-parole* (p. 24, L. 34). Sous quelle entrée le trouvez-vous ?
a) Donnez la définition de ce mot.
b) Retrouvez au moins quatre autres expressions courantes qui utilisent le mot *parole.*

8 Cherchez les verbes *convaincre* et *prévenir*, utilisés dans le texte 9 (L. 7 et 46). Consultez leur tableau de conjugaison à la fin de votre dictionnaire unilingue et produisez les formes conjuguées suivantes :
prévenir : a) présent, 3ème pers. pl. b) participe passé c) subj. prés., 1ère pers. sing.
convaincre : d) présent, 1ère pers. sing. e) présent, 3ème pers. pl. f) subj. prés., 1ère pers. sing.

Comment utiliser le dictionnaire bilingue ?

Pour trouver un mot français (en partant de l'allemand) :

1 Cherchez dans la partie **allemand-français** le mot allemand auquel vous pensez.
2 Si le dictionnaire indique *plusieurs* mots français, lisez les expressions données en exemple ; choisissez alors celle qui correspond le mieux à votre contexte – *ou :*
3 Regardez dans la partie français-allemand comment ces mots français sont traduits en allemand.

Pour vérifier si vous avez bien compris un mot ou une expression (ou pour les traduire en allemand) :

1 Cherchez dans la partie **français-allemand** le mot qui vous pose un problème (ou le mot-clé de l'expression ou de la définition concernée).
2 Si plusieurs mots ou expressions sont proposés en allemand, choisissez celui ou celle qui convient le mieux à votre contexte.

A vous !

N'oubliez pas : C'est souvent le contexte qui décide !

1 Consultez un dictionnaire bilingue et dites comment il faudrait traduire les expressions entre parenthèses :
a) Aujourd'hui, le vélo tout terrain est un sport *(anerkannt).*
b) Le jeune champion a *(errungen)* presque toutes les victoires.
c) A 17 ans, il a déjà été *(verwiesen)* de deux lycées.

2 Cherchez le mot *crampon* dans votre dictionnaire puis dites comment traduire *une roue à crampons.*

10 Champion du monde à 17 ans

Avant de commencer

1 a) A l'école, trouvez-vous qu'on vous propose plutôt *trop* ou plutôt *pas assez* de sport ?
b) Est-ce que vous pratiquez un sport en dehors de l'école ? Expliquez pourquoi vous aimez ce sport.

2 a) Connaissez-vous le nom des disciplines sportives représentées sur les photos de ces deux pages ?
b) Qu'est-ce que ces activités ont *en commun* ?
c) Est-ce que ces photos vous donnent envie de pratiquer ce genre de sport? Dites pourquoi ou pourquoi pas.

Le VTT, tout le monde connaît : look d'enfer, couleurs fluos, grosses roues[1] à crampons[2]. « *Le VTT, pour la plupart des gens, c'est un peu de sport, un peu de nature et beaucoup de liberté* », explique Marc Vinco.

Aujourd'hui c'est aussi un sport reconnu. Et à 17 ans, Marc a remporté[3] presque toutes les victoires dont il pouvait rêver. Imaginez : 9 fois champion de France et 7 fois champion du monde de vélo et de VTT trial, l'une des trois disciplines du Vélo Tout Terrain avec la descente[4] et le cross-country.

Le but du jeu : effectuer[5] un parcours[6] d'obstacles[7] répartis[8] sur 6 zones, sans mettre le pied à terre. À l'origine, les obstacles sont naturels : ce sont les rochers, les chutes d'eau[9] ... En fait tous les terrains accidentés[10] font l'affaire[11]. Chaque compétition dure 6 heures et exige[12] beaucoup d'endurance[13].

Bien sûr, il y a quelques risques : « *Les gamelles[14] sont spectaculaires* », précise Marc, amusé. Mais comme tous les grands champions, il sait parfaitement[15] analyser la situation et évaluer[16] les risques. Grâce à cela, il ne s'est pas souvent blessé. Depuis deux ans, il participe aux grands shows du Palais Omnisports de Paris-Bercy. Une musique d'enfer, des lumières de toutes les couleurs, 15 000 personnes !

Cette année, Marc a des dizaines de spectacles prévus, en plus des compétitions très officielles. À 17 ans, il reçoit déjà beaucoup d'argent et il a gagné tous les championnats. « *Enfin presque, précise-t-il. Il me reste juste à obtenir[17] en août, à Avoriaz, le titre de champion du monde dans la catégorie senior. En fait, jusqu'à cette année, j'étais trop jeune pour pouvoir y participer.* »

Si Marc remporte cette dernière épreuve[18], il aura vraiment tout gagné. De quoi avoir la grosse tête[19], non ? « *Je passe sans difficulté des shows de Bercy au petit ruisseau[20] où je m'entraîne[21] seul. Le ruisseau, le rocher, la terre, c'est ça le vrai VTT trial !*, explique Marc. *Je ne l'oublie jamais.* » Ce qu'il aime par-dessus tout, c'est la sensation[22] de liberté que lui apporte son sport. « *Je ne supporte[23] pas l'idée d'être enfermé quelque part.* »

En 1995, Marc arrête l'école. Il se fait renvoyer[24] de deux lycées alors qu'il est en seconde : les compétitions lui font manquer trop de cours. Mais à ce moment-là il s'en moque un peu. Aujourd'hui pourtant, un jour par semaine, le champion retourne travailler au Centre d'Études des Sportifs de Niveau International, à Chambéry. Il apprend les langues étrangères, la communication et l'informatique. Et il aime ça ! « *J'ai compris que c'était important que mon esprit travaille, que je ne fasse pas du VTT 24 heures sur 24 toute la semaine. Pour le sport aussi ça compte. Maintenant j'y vais vraiment avec plaisir. Et quand je rentre à la maison, je suis comme tout le monde : j'ai des devoirs à faire !* »

Le poids des succès n'a pas rendu Marc Vinco plus sérieux. En passant par Albertville, si vous apercevez quelqu'un traverser la ville sur la roue avant de son VTT ou de son scooter[25], pas de doute, sous saurez que c'est Marc Vinco !

Jean-Benoît Durand, *Okapi*, 28 juin 1997 (texte abrégé)

Les jeunes sportifs d'aujourd'hui recherchent moins la performance que la sensation de liberté et le plaisir du vertige …

Autour du texte

1 Bien utiliser les dictionnaires *(voir les pages « stratégies », p. 26-27).*
 a) En français, on peut prononcer le mot *scooter* de deux manières différentes. Lesquelles ?
 b) Cherchez le mot *gamelle* dans un dictionnaire unilingue et indiquez la signification *courante* de ce mot.
 c) Retrouvez dans un dictionnaire au moins trois synonymes du mot *obtenir.*
 d) Recherchez au moins trois locutions ou expressions verbales construites avec le mot *tête* et traduisez-les en allemand.

2 Quelles informations trouve-t-on dans le texte sur le VTT en tant que discipline ou activité sportive ?

3 a) Qu'est-ce que Marc Vinco aime, dans ce sport ?
 b) D'après vous, pourquoi est-ce que ce sont surtout les jeunes qui sont attirés par les sports « extrêmes » ?

4 Marc Vinco a compris que c'est important de faire aussi autre chose que du VTT (L. 55-57). A votre avis, pourquoi ?

5 En quoi le succès d'un sportif comme Marc Vinco peut-il être un « poids » (L. 61) ?

Au-delà du texte

- *Discussion* – Choisissez l'un des sujets suivants :
 a) Il est impossible d'être un sportif de haut niveau et d'avoir en même temps de bons résultats à l'école. D'accord ou pas d'accord?
 b) En VTT comme dans certains autres sports, le look semble jouer un rôle très important. Dans d'autres disciplines sportives, c'est souvent l'argent qui joue un grand rôle. Peut-on quand même affirmer qu'il s'agit de « vrai » sport ou plutôt de spectacle et d'affaires ?

- *Projet* – En groupes, choisissez une des disciplines sportives représentées sur cette page. Rassemblez les informations que vous pourrez trouver sur ses règles, les conditions à respecter, les qualités demandées, le matériel, etc. (sur internet, par exemple) et cherchez des supports visuels (photos, dessins, vidéos). Présentez ensuite ce sport aux autres groupes, sous forme d'affiche, de collage, de montage vidéo ou autre.

---

1 **une roue** Rad - 2 **à crampons** mit Stollen - 3 **remporter** *ici:* gagner - 4 **la descente** Abfahrt (→ descendre) - 5 **effectuer** faire - 6 **un parcours** Strecke - 7 **un obstacle** Hindernis - 8 **répartir** *ici:* installer - 9 **une chute d'eau** une cascade - 10 **accidenté,e** *ici:* ≠ plat - 11 **faire l'affaire** convenir (passen) - 12 **exiger** verlangen - 13 **l'endurance** *f* Durchhaltevermögen - 14 **une gamelle** *fam* *ici:* un accident - 15 **parfait,e** excellent, idéal - 16 **évaluer** abschätzen - 17 **obtenir** recevoir - 18 **une épreuve** *ici:* une compétition - 19 **avoir la grosse tête** *fam* eingebildet sein - 20 **un ruisseau** Bach - 21 **s'entraîner** trainieren - 22 **une sensation** une impression, un sentiment - 23 **supporter** ertragen - 24 **renvoyer qn** *ici:* mettre qn à la porte - 25 **un scooter** Motorroller.

Claude M'Barali, alias MC Solaar

11 Génération hip-hop

Avant de commencer

1 Quel genre de musique aimez-vous écouter ? Dites pourquoi.
2 Quels groupes ou chanteurs de rap est-ce que vous connaissez ? (Connaissez-vous des rappeurs français ou francophones ?)
3 Notez tous les mots (noms ou adjectifs) que vous associez au rap et au hip-hop.

1 Malgré la récente[1] fascination des branchés[2] parisiens pour la house et la techno, le hip-hop reste la seule véritable musique underground en France. « *Pour de nombreux rappeurs, la techno est juste une musique de gosses de riches* », explique Laurent Bouneau, de la radio Skyrock.

Le hip-hop constitue entre 15 et 20 % des ventes de disques en France, qui est le plus gros producteur et consommateur[3] de rap après les Etats-Unis. « *Pour la première fois en trente ans, les jeunes se sont identifiés à un style de musique française : le rap* », affirme Laurent Bouneau.

Au lieu de singer[4] le style américain, « *la France a adapté le rap à sa propre langue,* explique Dee Nasty, pionnier de la scène rap française. *Ce phénomène gagne l'Allemagne, l'Espagne et le Portugal, et ce sont les Français qui ont montré l'exemple.* »

Dans tout le pays, le rap rythme la vie des banlieues. La culture voyante[5] du hip-hop, où tout le monde peut se faire respecter grâce à ses talents au micro, aux platines[6], avec une bombe[7] de peinture ou en tant que danseur, a fait vibrer[8] toute une génération exclue[9] de la culture française officielle. « *Le rap,* explique Jérôme Ebella, fondateur[10] de Secteur A, une maison d'édition hip-hop, *permet à ceux qui n'ont pas accès aux médias de s'exprimer.* »

2 Le rap n'est pas une mode mais un mode de vie. Pour en discuter, *Le Nouvel Observateur* a réuni[11] MC Solaar, locomotive du rap français, ainsi que Fred Chichin et Catherine Ringer, du groupe *Les Rita Mitsouko.* Extraits de l'interview.

N.O. – Vos premiers contacts avec le rap ?

F. CHICHIN. – C'était en 1983, en Allemagne, on enregistrait notre premier album. Whodini, un des premiers groupes de rap, qui était dans un studio voisin, nous a passé une cassette vidéo, et j'ai vraiment flashé[12] sur les tagueurs[13] et les danseurs. Pour leur énergie.

MC SOLAAR. – À la même époque, Sidney *[futur animateur de « Hip Hop », la première émission de rap à la télé]* a débarqué[14] à la maison des jeunes à Villeneuve-Saint-Georges. Avec un micro, une petite platine, les mecs se sont mis à rapper. On était juste descendus pour voir et ça nous a fait un effet bœuf[15].

N.O. – Pourquoi le rap plutôt que le rock ?

C. RINGER. – A cause du rapport à la langue française. Enfin à la langue parlée, à la poésie. À l'époque d'Aristide Bruant[16], les poètes improvisaient des jeux en rimes et en rythme. C'est ce que le rap a retrouvé.

MC SOLAAR. – A l'origine, le rap jouait avec les mots de tous les jours, sans savoir où on allait dériver[17]. On parlait des lieux où l'on vivait, de gens proches de nous. Voilà, on se sentait humains. On se reconnaissait.

N.O. – Comment réagissez-vous aux ennuis[18] que des groupes comme Suprême NTM ont eus avec la police et la justice ?

C. Ringer. – Je trouve extraordinaire qu'on puisse dire que le rap incite[19] à des actes violents[20], alors que dans n'importe quelle gare on peut acheter des livres pleins d'histoires de filles écartelées[21] … Le rap est injustement attaqué. Et quand NTM parle des rapports de la jeunesse avec la police, c'est bien le minimum qu'il y ait des gens pour s'exprimer là-dessus ! On est quand même dans un pays ou existe la liberté d'expression.

N.O. – Et tous ces clichés liés[22] au rap, ces histoires de drogue, de violence, d'armes, ce sont de purs[23] fantasmes[24] ?

MC Solaar. – Ça fait je ne sais pas combien d'années que je traîne[25] là-dedans et je n'ai jamais rien vu. Ceux qui sont dans ces histoires, ce ne sont pas des rappeurs, ce sont des bandits.

C. Ringer. – La fascination pour les mauvais garçons, c'est vieux. On connaissait déjà ça du temps d'Elvis Presley.

N.O. – Nombreux sont les rappeurs qui ont dit : « Je faisais des conneries, le rap m'a remis dans le droit chemin » …

C. Ringer. – J'y crois. Plein de[26] raps disent : « *Fais attention à ta vie, contrôle-la …* » En fait, ça parle énormément[27] de morale, le rap. De justesse intérieure, de ne pas se laisser aller à commettre[28] la première bêtise venue. Pour employer des mots un peu forts, je dirais que le rap a un rapport avec la bonne moralité.

(1) Nicolas Le Quesne, supplément du *Time* du 12 juin 2000 (texte abrégé) ;
(2) Propos recueillis par François Armanet et Bernard Loupias, *Le Nouvel Observateur,* 13 mars 1997.

Autour des textes

1 a) Quel sens a le mot *juste* à la ligne 5 ?
   b) D'après le début du premier texte, en quoi la techno et le rap s'opposent-ils ?
2 Relevez dans la première partie du texte les raisons du succès du rap, et en particulier du rap français.
3 a) Dites pour quelles raisons MC Solaar, Fred Chichin et Catherine Ringer ont tout de suite aimé le rap.
   b) Qu'est-ce qui caractérise le rap sur le plan de la langue ?
4 a) D'après le texte, de quoi est-ce que certaines personnes accusent le rap ?
   b) Avec quels arguments Catherine Ringer et Mc Solaar répondent-ils à ces accusations ?

Au-delà des textes

- *Discussion* – Choisissez l'un des sujets suivants :
  a) Le rap est-il vraiment un « mode de vie » ou une simple « mode » musicale comme les autres ?
  b) A votre avis, le rap *parle*-t-il seulement de violence ou bien *incite*-t-il vraiment aux actes violents ?
  c) Au nom de la liberté d'expression, a-t-on le droit d'inciter à la violence ?
- *Créativité* – Jouez avec les rimes et les rythmes.
  En groupes, choisissez un thème assez courant (par exemple l'école, l'écologie, l'argent, la télévision, etc.). Notez une série de mots que vous associez à ce thème et, à partir de ces mots, recherchez-en d'autres qui riment avec eux ou qui ont une sonorité ressemblante (utilisez un dictionnaire unilingue pour vous aider).
  A partir de ces rimes ou de ces paires de mots, rédigez un petit « rap » sur le thème choisi. Essayez de donner du « rythme » à votre texte, entre autres en adaptant la longueur et la sonorité de vos phrases les unes aux autres. Puis présentez votre création aux autres élèves (si possible en rappant !)
- *Compréhension orale (voir les pages « stratégies », p. 110-111).*
  Ecoutez le rap *Caroline,* de MC Solaar (sur le CD qui accompagne ce livre) sans chercher à *tout* comprendre.
  Après la première audition : Est-ce que vous avez aimé ce rap ? Qui est Caroline (par rapport à celui qui chante) ? Qu'est-ce que vous avez compris d'autre ?
  Deuxième audition : Dans ses raps, MC Solaar aime jouer avec les mots. Essayez de retrouver dans *Caroline* un ou plusieurs de ses jeux de mots.

---

1 **récent,e** kürzlich - 2 **un branché** qn qui suit les dernières tendances - 3 **un consommateur** Verbraucher - 4 **singer qn/qc** imiter bêtement qn/qc (→ un singe) - 5 **voyant,e** *ici:* schrill (→ voir) - 6 **une platine** Plattenteller - 7 **une bombe** *ici:* Farbspraydose - 8 **faire vibrer** passionner - 9 **exclu,e de qc** qui n'a pas accès à qc (ausgeschlossen) - 10 **le fondateur de qc** la personne qui a créé qc - 11 **réunir** mettre ensemble - 12 **flasher** *(angl.)* begeistert sein - 13 **un tagueur** qn qui fait des *tags* (des grafittis) - 14 **débarquer** *ici: fam* arriver - 15 **un effet bœuf** *fam* une forte impression - 16 **Aristide Bruant** célèbre chansonnier (1851-1925) - 17 **dériver** abdriften - 18 **un ennui** *ici:* un problème - 19 **inciter** anstacheln - 20 **violent,e** gewalttätig - 21 **écarteler** déchirer en quatre - 22 **lié,e à qc** en rapport avec qc - 23 **pur,e** *ici:* simple - 24 **un fantasme** qc d'imaginaire - 25 **traîner** *ici:* fréquenter (un milieu) - 26 **plein de** *fam* beaucoup de - 27 **énormément** *ici:* beaucoup - 28 **commettre** faire (qc de mal).

12 Agir à son propre niveau

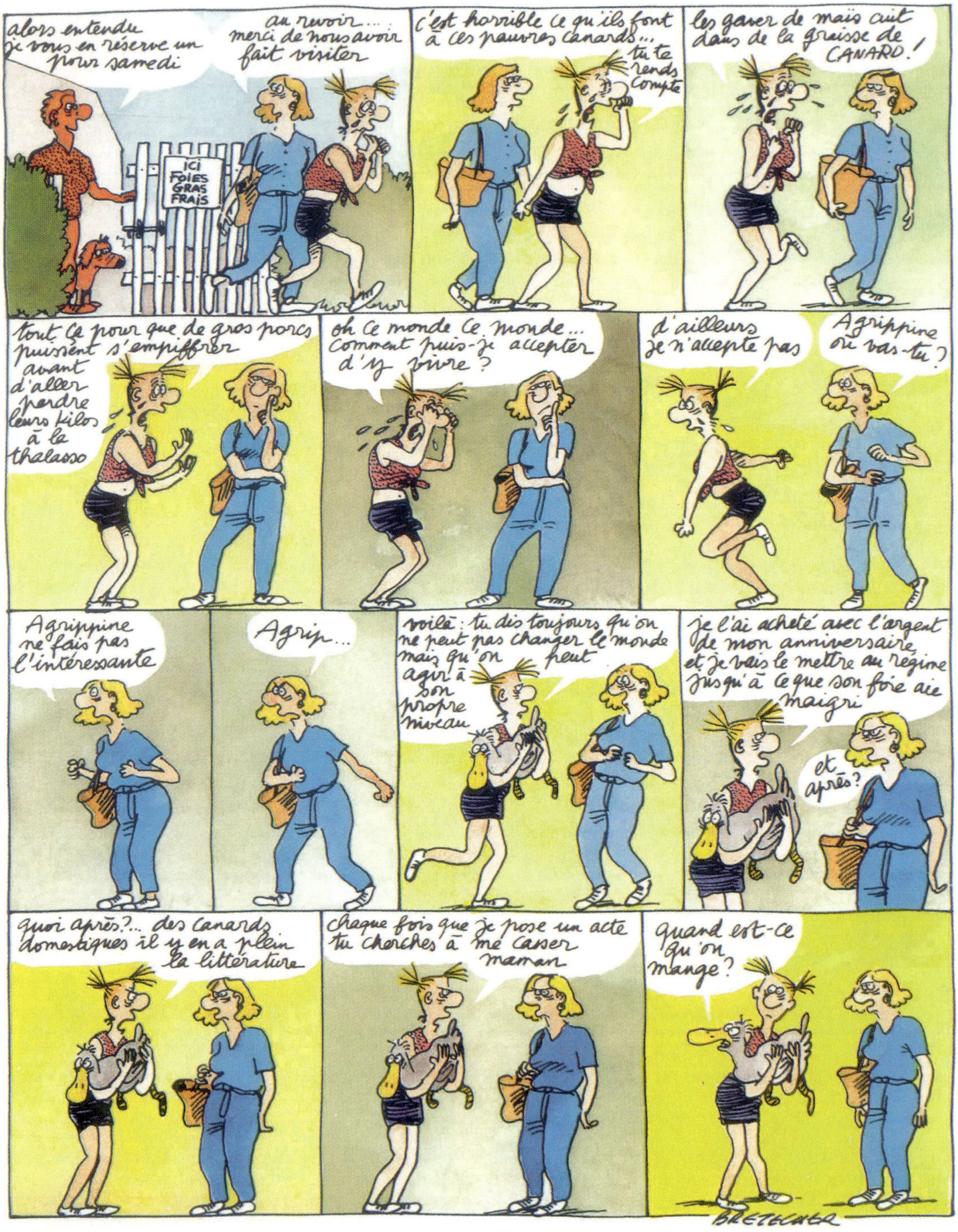

1 **le foie** Leber - 1 **gras, grasse** fett - 3 **gaver** (voll)stopfen - 4 **un porc** [pɔʀ] Schwein - 4 **s'empiffrer** *fam* manger beaucoup trop - 4 **la thalasso(thérapie)** Seeluft- und Meerwasserkur - 7 **faire l'intéressant, e** sich aufspielen - 10 **un régime** Diät - 10 **maigrir** ≠ grossir - 11 **domestique** Haus- - 12 **poser un acte** *langue des jeunes* faire qc d'exceptionnel - 12 **casser** *ici:* décourager.

D'une image à l'autre

1 Regardez bien les trois premiers dessins de la BD. Quelle est la situation de départ ?
2 Lisez toute la BD (sans vous arrêter aux expressions que vous ne connaissez pas encore) et racontez en quelques phrases ce qui s'y passe.
3 a) En quoi le fait d'acheter un canard est-il, ici, une « bonne action » ?
  b) Quelles sont les motivations profondes d'Agrippine ?
4 a) Qu'est-ce qu'elle veut faire avec son canard ?
  b) En quoi la fin de l'histoire est-elle amusante ?
5 La mère d'Agrippine dit qu'il faut « agir à son propre niveau ». C'est ce que fait Agrippine. Que pensez-vous de cette action ?

Au-delà des images

- Racontez l'histoire en changeant de perspective : Le soir, la mère d'Agrippine raconte la scène à son mari. Elle y ajoute ses commentaires sur la jeunesse ...
- *Créativité* – Rédigez des slogans ou un tract pour une manifestation contre les expériences sur les animaux.
- *Ecriture – (voir les conseils donnés aux pages 112-113.)*
  Rédigez un texte dans lequel vous commenterez une des thèses suivantes :
  a) « Le meilleur moyen de protéger les animaux consiste à ne pas les manger. »
  b) « La protection des animaux ? Protégeons d'abord les hommes ! »

13 Les jeunes disent non à l'« ego-logique »

Avant de commencer

1 Rassemblez toutes les expressions que vous connaissez et qui contiennent le mot *cœur* (puis complétez votre liste à l'aide d'un dictionnaire unilingue).
2 A quoi est-ce que le titre de ce texte vous fait penser ?
3 Connaissez-vous des gens qui s'engagent pour une cause humanitaire ou sociale ? Parlez de leurs activités et des raisons qui ont poussé ces personnes à s'engager.
4 Décrivez la photo ci-dessous et imaginez la conversation que peuvent avoir les personnes représentées.

1 En 1985, Coluche[1] chantait : « *Aujourd'hui, on n'a plus le droit ni d'avoir faim ni d'avoir froid* ». Neuf ans après, des enfants, des femmes et des hommes ont toujours faim, et toujours froid. Mais Coluche, qui n'est plus là pour chanter, a créé un formidable élan de solidarité.
Ainsi, Quentin, 15 ans, est allé donner un coup de main aux Restos du Cœur. Il raconte : « *J'imaginais que j'allais arriver dans un grand magasin. Je me suis retrouvé dans une salle dénudée*[2]*, avec quelques tables. C'était au mois de janvier. Voir trois cents personnes qui ont faim et réclament de la nourriture, ça donne comme un coup sur la tête, mais je préférais oublier leur pauvreté et les servir, comme si c'était des amis. Etre allé aux Restos, ça m'a permis de toucher du doigt la réalité. Après cette journée, j'ai pensé aider une personne dans la rue, faire mon petit resto du cœur, je ne l'ai pas encore fait. Mais j'essayerai un jour.* »

2 L'année dernière, Nadia, 19 ans, a fait une demande pour être animatrice bénévole[3] au CDLJ (centre départemental de loisirs jeunes). Dans une salle d'école où est basé[4] pour l'été le centre de loisirs de la police, elle donne des cours de danse hip-hop aux filles de la Noé, une des cités les plus sensibles des Yvelines, à Chanteloup-les-Vignes. « *Par le jeu, par le sport, on essaie de récupérer*[5] *un maximum de gamins*[6] *qui risquent de tomber dans la délinquance*[7] », dit Pierre Cardo, le maire de Chanteloup.
Cet été, Nadia s'est de nouveau portée volontaire[8] comme animatrice à Chanteloup. « *Je suis revenue uniquement*[9] *pour les enfants et mes petites sœurs* » avoue-t-elle.

3 Dans les lycées, de nombreuses initiatives spontanées naissent, traduisant un engagement citoyen[10] concret.

Pour les élèves du lycée professionnel Don-Bosco à Wittenheim (Alsace), le facteur[11] déclenchant fut la marée[12] noire causée par le naufrage[13] du pétrolier[14] « Erika ». Au retour des vacances de Noël, Rencker Ezechiel, professeur, évoque[15] la catastrophe avec ses élèves de première année en CAP[16] gestion[17] des déchets. Ils décident d'agir et de se rendre sur les plages pour aider au nettoyage[18]. Dix-sept lycéens avec quatre accompagnateurs partent à Belle-Ile[19] pour une semaine fin janvier 2000. *« Quand on voit de tels[20] événements[21] à la télévision, on réalise mal et on oublie vite,* raconte Laetitia Rodriguez, une des élèves. *Mais là, sur le terrain, on comprend qu'il faut que tout le monde se serre les coudes[22], s'entraide[23]. C'était une expérience inoubliable !»*

1: L. Bernard / G. Dhotel, *L'Evénement du Jeudi,* 9 décembre 1993 ;
2: *Aujourd'hui en France,* 3 août 2000 ; 3: *Les Clés de l'actualité,* 7 septembre 2000 (textes abrégés).

Autour des textes

1 a) Parlez de l'expérience de Quentin, qui a travaillé aux Restos du Cœur. Dites à quoi elle lui a servi.
b) A votre avis, est-il plus difficile d'aider « les » pauvres en donnant un coup de main aux Restos du cœur ou d'aider une personne bien précise dans la rue ? Pourquoi ?

2 a) Présentez le travail de Nadia et dites ce qui motive ce travail.
b) D'après vous, en quoi le jeu et le sport permettent-ils d'éviter la délinquance ?

3 En quoi consiste l'engagement des lycéens alsaciens ? Pourquoi cette expérience a-t-elle été « inoubliable » pour les élèves concernés ?

4 a) On peut « s'engager » pour beaucoup de choses, par exemple en distribuant des tracts *(Flugblätter)* ou en signant des pétitions *(Unterschriftensammlungen).* En quoi les trois actions présentées dans ces textes sont-elles différentes ?
b) Est-ce que vous auriez aimé participer à l'une des actions ? A laquelle ? Expliquez pourquoi.

Au-delà des textes

- *Internet* – Visitez le site officiel des Restaurants du Cœur (http://www.restosducoeur.org).
  a) Dites de quelles manières on peut aider les Restos du Cœur.
  b) Présentez les différentes actions de l'organisation et les dernières « actualités ».
  c) Qu'apprend-on sur les « enfoirés » ?
- *Ecriture* – Imaginez qu'un des lycéens qui a participé au nettoyage de la côte bretonne ait noté dans son journal ce qu'il a vu, fait et pensé quand il était à Belle-Ile. Rédigez une page de ce journal.
- *Créativité* – Décrivez d'abord le timbre-poste représenté ci-contre.
  En groupes, faites ensuite plusieurs propositions de dessins qui pourraient aussi illustrer l'idée de solidarité et d'entraide. Pour chaque dessin, trouvez un slogan très court qui résume le mieux l'idée exprimée. A partir des meilleures propositions, dessinez un nouveau timbre-poste.
- *Discussion* – Certaines personnes critiquent les bénévoles en affirmant qu'ils « prennent » des emplois qu'on pourrait donner aux chômeurs. Que pensez-vous de cet argument ?

1 **Coluche** acteur comique (1944-1986), fondateur des *Restaurants du Cœur* - 2 **dénudé,e** nu; *ici:* sans décoration - 3 **bénévole** qui travaille sans (vouloir) être payé - 4 **basé,e** installé - 5 **récupérer** *ici:* aufsammeln - 6 **un gamin** *fam* un jeune - 7 **la délinquance** la criminalité - 8 **se porter volontaire** sich freiwillig melden - 9 **uniquement** seulement - 10 **citoyen,ne** *ici:* (staats)bürgerlich - 11 **un facteur** *ici:* Faktor - 12 **la marée** Flut; *ici:* Ölpest - 13 **un naufrage** Schiffsbruch - 14 **un pétrolier** un bateau qui transporte du *pétrole* (Erdöl) - 15 **évoquer qc** *ici:* parler de qc - 16 **un CAP** *in etwa:* Berufsschulabschluss - 17 **la gestion** [ʒɛstjɔ̃] l'administration - 18 **le nettoyage** Reinigung - 19 **Belle-Ile** une île de Bretagne - 20 **tel,le** de cette sorte - 21 **un événement** Ereignis - 22 **se serrer les coudes** *ici:* être solidaire - 23 **s'entraider** s'aider les uns les autres.

Chapitre 2 ENVIRONNEMENT - Assurer la survie

1 Ça va, la santé ?

1 Décrivez les dessins et racontez l'histoire du malade.
2 Imaginez le dialogue que les deux hommes ont eu avant le premier dessin et celui qu'ils vont avoir après le dernier.
3 Dites en quelques mots en quoi consiste le « message » du dessinateur.

2 Un enfant de la pollution

1 J'suis un enfant
De la pollution
Le nez au vent
Je respire à fond[1]
Moi, le smog
C'est ma drogue
Je n'peux plus m'en passer[2]
La nature
Et l'air pur
Ça m'fait plutôt tousser[3]
Je suis bien dans ma peau[4]
Comme un poisson dans l'eau

2 J'suis un maniaque[5]
D'la télévision
Juste en play-back
Comme un bruit de fond[6]
Besoin d'bruit
Même la nuit
Sinon j'suis insomniaque[7]
Les oiseaux
Les crapauds[8]
Ça m'rend paranoïaque[9]
Besoin pour faire dodo[10]
Du ronron[11] des motos

3 Le parfum de l'essence[12]
Ça m'trouble les sens
Quand j'ai mal à la tête
J'fume une cigarette
Je vais faire mon jogging
Au milieu des buildings
Les pieds sur le ciment[13]
J'suis dans mon élément

4 Tous les dimanches
J'reste à la maison
J'branche[14] ma sono[15]
J'mets l'volume[16] à fond
J'suis content
Quand j'entends
Le téléphone qui sonne
La campagne
C'est le bagne[17]
Ça manque d'oxyde de carbone[18]
Je suis bien dans ma peau
Comme un poisson dans l'eau

5 J'suis un agent
De consommation[19]
Quand j'ai d'l'argent
Je consomme à fond
Je m'endette[20]
Je m'achète
Tout c'qui m'passe par la tête
Je me jette
Comme une bête
Sur le dernier gadget
Je vis mon p'tit train train[21]
De citoyen[22] moyen
Je suis bien dans ma peau
Comme un poisson dans l'eau

(Bravo, bravo. Bravo !
C'est un bon numéro !)

Extrait du rock-opéra *Starmania*,
texte de Luc Plamondon, musique de Michel Berger,

Autour du texte

1 Cherchez tous les mots qui viennent de l'anglais et dites ce qu'ils signifient.
2 La chanson mentionne plusieurs éléments qui constituent généralement des problèmes pour l'environnement : lesquels ?
3 Caractérisez Ziggy, le jeune de la chanson : ce qu'il aime, ce qu'il n'aime pas, ses habitudes.
4 Quels passages du texte les dessins de Frapar (p. 36) pourraient-ils illustrer ?
5 A votre avis, l'auteur des paroles de la chanson est-il du même avis que son « enfant de la pollution » ? Justifiez votre opinion.
6 Caractérisez la musique et la manière de chanter de l'interprète. Sont-elles en harmonie avec les paroles ? Pourquoi (pas) ?

---

1 **à fond** au maximum - 2 **se passer de qc** verzichten auf - 3 **tousser** husten - 4 **la peau** Haut - 5 **(un,e) maniaque** (qn) qui a une manie (Besessener) - 6 **le fond** Hintergrund - 7 **insomniaque** [ɛ̃sɔmnjak] qui n'arrive pas à s'endormir - 8 **un crapaud** Kröte - 9 **paranoïaque** *ici:* fou - 10 **faire dodo** *fam* dormir - 11 **le ronron** un bruit régulier - 12 **l'essence** *f* Benzin - 13 **le ciment** Zement - 14 **brancher** *ici:* ans Stromnetz anschließen - 15 **la sono** *fam* Musikanlage - 16 **le volume** *ici:* Lautstärke - 17 **un bagne** Zuchthaus - 18 **l'oxyde** *(m)* **de carbone** *(m)* [ɔksid] Kohlen(mon)oxyd - 19 **la consommation** Konsum (→ consommer) - 20 **s'endetter** sich verschulden (→ la dette) - 21 **le train train** la vie de tous les jours - 22 **un citoyen** Bürger.

3 De l'air !

Avant de commencer

1 Notez tous les mots et expressions que vous associez spontanément au mot *air*.
2 Décrivez le dessin de Placid, ci-contre : Quelle impression générale avez-vous de ce dessin ? Quels sont les pollueurs qui sont représentés ?
3 En groupes, faites une liste de tous les pollueurs de l'air que vous connaissez (c'est-à-dire des *objets* et des *personnes* ou groupes de personnes qui polluent). Vous pouvez utiliser vos dictionnaires.

Y a-t-il trop de voitures dans les grandes villes ? Qu'en pensent les jeunes ? Pour le savoir, le magazine Phosphore *a interviewé quatre étudiants de Paris (Romain, 24 ans), Strasbourg (Carine, 18 ans), Nice (Julien, 21 ans) et Marseille (Maud, 18 ans).*

● *Est-ce que vous souffrez[1] de la pollution automobile ?*
Romain : Oui, je trouve que les voitures sont dangereuses. … De plus, je ressens[2] la pollution physiquement : elle m'irrite[3] comme la fumée[4], je sens que l'air n'est pas pur. Je ne ressens pas ça en province et à la campagne.
Carine : Depuis qu'il y a le tram à Strasbourg et des parkings autour de la ville, les voitures sont moins nombreuses et il y a moins de problèmes. Pendant les pics[5] de pollution, surtout l'été, je ne sortais pas. Je suis allergique et j'étais toujours enrhumée[6], avec les yeux qui piquaient[7], un mal de gorge[8], de la toux[9].
Julien : Sans voiture, les moyens de transport sont limités pour aller à la fac[10], à Nice. J'aimerais bien me mettre au roller. Mais quand je sors avec ma copine le soir, je suis bien obligé de prendre la voiture …
● *Si vous aviez le choix[11] entre la voiture et un mode de transport moins polluant, est-ce que vous adopteriez[12] ce dernier par civisme[13] ?*
Maud : Je ne sais pas. Je vais au lycée en bus ou à pied. Mais la voiture, c'est important pour sortir et aller travailler. Ça dépend[14] où l'on habite.
Julien : Par civisme, non. Par facilité, oui, si les moyens de transport non polluants sont aussi performants[15] que la voiture.
● *Quelles alternatives à la voiture imaginez-vous ?*
Romain : Il faudrait se mettre aux transports en commun ou au vélo. Et plus aucune[16] voiture ne pourrait circuler[17] en ville. Ce ne serait possible qu'avec une vraie volonté[18] politique. … Mais les usines automobiles fermeraient, ce qui provoquerait[19] du chômage. … Pourtant, je pense qu'*in fine*[20], cela améliorerait[21] nos conditions de vie.
Carine : Il faut des bus au gaz naturel partout, qu'ils ne soient pas en retard, que le ticket ne soit pas cher.
Julien : Il faudrait promouvoir[22] les transports en commun et en baisser les prix. Il faudrait aussi encourager les gens à acheter des voitures électriques.

Les principaux polluants de l'air

1 Le gaz carbonique - CO_2
(origine : combustions[23] en tout genre)
2 Les oxydes d'azote - NO et NO_2
(origine : gaz d'échappement[24], chauffage, production d'électricité, engrais[25])
3 Les hydrocarbures[26]
(origine : gaz d'échappement, combustion des déchets, nombreuses industries)
4 L'ozone - O_3
(origine : oxydes d'azote et hydrocarbures)
5 Le plomb - Pb
(origine : gaz d'échappement et certaines industries)
6 Les particules en suspension[27]
(origine : gaz d'échappement, nombreuses industries, chauffage, production d'électricité, combustion des déchets, etc.)

Les voitures électriques

Les voitures électriques font moins de bruit, elles ont une consommation d'énergie faible[28] et surtout : elles ne polluent pas les villes. Par contre, l'électricité qu'elles consomment est souvent produite par des centrales thermiques qui, elles, polluent bien l'atmosphère, ou alors par des centrales nucléaires … qu'on accuse de plus en plus d'être dangereuses pour l'homme et l'environnement. Rien n'est donc parfait[29] !

Les voitures électriques qui sont actuellement sur le marché en France peuvent rouler à 90 km/h mais n'ont encore qu'une faible autonomie (80 à 100 km). Les batteries qui seraient nécessaires pour avoir une autonomie plus importante seraient trop lourdes et prendraient trop de place. Des modèles de batteries plus performantes sont à l'étude.

Parallèlement, les chercheurs[30] ont déjà développé des moteurs hybrides, qui combinent l'électricité et l'essence, et des moteurs au méthanol, mais les voitures équipées[31] de ces nouveaux moteurs restent encore très chères à produire.

Autour des textes

1 Retrouvez le sens des mots …
   a) … à partir d'un mot allemand ou anglais que vous connaissez :
      allergique (L. 16), *thermique* (L. 52), *nucléaire* (L. 54), *un parking* (L. 13), *l'origine* (case-info « polluants ») ;
   b) … à partir d'un mot de la même famille et des préfixes et suffixes *(voir la page 11)* :
      la facilité (L. 30), *encourager* (L. 46), *le chauffage* (case-info « polluants »).
   c) Quel sens les mots et expressions en italique prennent-ils dans leur contexte ?
      un *pic* de pollution (L. 15) ; des moyens de transport *limités* (L. 20) ; *se mettre* au roller (L. 21).
   d) Les mots suivants ont plusieurs significations différentes. Consultez un dictionnaire unilingue pour savoir celle(s) qu'ils peuvent avoir (en dehors de celle qu'ils ont dans ce texte) :
      la campagne (L. 11), *piquer* (L. 17), *adopter* (L. 25), *provoquer* (L. 38).
2 Relevez dans le texte les mots et expressions qui désignent les effets négatifs de la pollution sur la santé.
3 Pourquoi les jeunes interviewés ne peuvent-ils pas (encore) vivre sans voiture ?
4 a) Quelles alternatives les jeunes proposent-ils ? (Voir leurs réponses à la troisième question de l'interview.)
   b) Que pensez-vous de ces propositions ? Que proposeriez-vous d'autre pour améliorer la qualité de l'air ?
5 Traduisez en allemand les noms des principaux polluants (case-info « polluants »).
6 a) Pourquoi n'est-il pas correct de dire que les voitures électriques ne polluent pas ?
   b) Quels inconvénients *(Nachteile)* la plupart des voitures électriques ont-elles ?
   c) Dites dans quelle mesure la voiture électrique est (ou non) une bonne solution au problème de la pollution de l'air.

(Au-delà des textes : voir page suivante.)

1 **souffrir** avoir mal - 2 **ressentir** → sentir - 3 **irriter** reizen - 4 **la fumée** Rauch - 5 **un pic** Berggipfel - 6 **être enrhumé,e** avoir un *rhume* (Schnupfen) - 7 **piquer** *ici:* être irrité - 8 **la gorge** Kehle - 9 **la toux** Husten (→ tousser) - 10 **la fac(ulté)** l'université - 11 **le choix** → choisir - 12 **adopter** *ici:* choisir - 13 **le civisme** *ici:* Gemeinsinn - 14 **dépendre** abhängen - 15 **performant,e** leistungsstark - 16 **aucun,e** pas un(e) seul(e) - 17 **circuler** → la circulation - 18 **une volonté** Wille - 19 **provoquer** *ici:* avoir comme conséquence - 20 **in fine** *latin* letztendlich - 21 **améliorer qc** rendre qc meilleur - 22 **promouvoir** fördern - 23 **la combustion** le fait de brûler qc - 24 **un gaz d'échappement** Abgas - 25 **un engrais** Düngemittel - 26 **les hydrocarbures** *m* Kohlenwasserstoff - 27 **en suspension** *(f)* in der Schwebe - 28 **faible** ≠ fort - 29 **parfait,e** idéal - 30 **un chercheur** Forscher (→ la recherche) - 31 **équipé,e de** *ici:* ausgerüstet mit.

Au-delà des textes

- *Discussion* – Faites d'abord la liste de tous les moyens de transport que vous connaissez. Puis discutez de leurs avantages et de leurs inconvénients, ainsi que des dangers qu'ils représentent pour l'environnement.
- *Compréhension orale (voir les pages « stratégies », p. 110-111).*
  Ecoutez le reportage radio sur le GPL (gaz de pétrole liquéfié), sur le CD qui accompagne ce livre.
  Après la première audition : Quelles informations avez-vous retenues ?
  Dites si les affirmations suivantes sont vraies ou fausses – ou si vous n'êtes pas certain(e) d'avoir compris.
  a) Les voitures roulant au GPL sont plus chères que les autres.
  b) Ceux qui achètent une voiture roulant au GPL doivent payer une taxe de 10 000 F sur cette voiture.
  c) Le GPL coûte moins cher que l'essence parce qu'il y a moins de taxes sur le GPL.
  d) Les voitures au GPL doivent suivre de nouvelles normes de sécurité.
  e) La consommation de GPL augmente très rapidement.
  Deuxième audition : Vérifiez (et corrigez) vos réponses.
- *Projet* – La voiture électrique
  a) Renseignez-vous (directement ou par internet) auprès des grandes marques automobiles et auprès de la presse automobile sur les modèles de voitures électriques et hybrides qui sont déjà sur le marché ou en production.
  b) Comparez les avantages et les inconvénients de ces voitures (entre elles et par rapport aux voitures à essence de la même catégorie).
  c) Faites une petite campagne de publicité pour celle qui vous semble la meilleure (p. ex. une affiche avec quelques informations, une illustration, un slogan ou bien une publicité orale pour la radio).

4 Les Français aiment leur nature

Avant de commencer

« Pour moi, aimer la nature, c'est …
Complétez cette phrase par des expressions verbales (trouvez autant d'expressions que possible).
Exemple :
« Pour moi, aimer la nature, c'est prendre le train plutôt que la voiture. »
Continuez !

Page 41: 1 **inquiet, -iète** → s'inquiéter - 2 **juger** *ici:* (ein)schätzen - 3 **lié,e à** en rapport avec - 4 **susciter** hervorrufen 5 **une intervention** une action (→ intervenir) - 6 **estimer** schätzen; *ici:* penser - 7 **préoccuper** *ici:* inquiéter - 8 **impliqué,e** concerné - 9 **un ralentissement** Verlangsamung (→ lent) - 10 **préserver** protéger - 11 **également** aussi - 12 **net,te** *ici:* deutlich - 13 **le tri** Sortieren (→ trier) - 14 **une pile** Batterie - 15 **usagé,e** verbraucht - 16 **délibérement** bewusst - 17 **renoncer à qc** se passer de qc (verzichten) - 18 **prendre conscience de qc** sich etw. bewusst werden - 19 **à une réserve près** bis auf eine Einschränkung - 20 **majoritairement** mehrheitlich (→ la majorité) - 21 **quotidiennement** chaque jour - 22 **les OGM** les organismes génétiquement modifiés - 23 **un dégonflé** *fam* qn qui a peur (d'agir) - 24 **une poubelle** Mülleimer - 25 **adhérer à** Mitglied werden/sein bei - 26 **mettre du sien** *fam* faire un effort - 27 **contribuer à** beitragen zu.

Comme chaque année depuis près de dix ans, L'Institut français de l'environnement (IFEN) vient de rendre public son rapport annuel. On y découvre cette année des Français inquiets[1], mais qui se sentent de plus en plus concernés par les problèmes environnementaux. Tout d'abord, si 13 % seulement jugent[2] « mauvais » l'état de l'environnement de leur région, ils sont 53 % à s'inquiéter de celui du monde !

De tous les problèmes liés[3] à l'environnement, celui qui suscite[4] aujourd'hui le plus de demandes d'intervention[5] de la part des pouvoirs publics est, de loin, la réduction de la pollution atmosphérique : 44 % des Français estiment[6] que l'État devrait intervenir en priorité dans ce domaine. En deuxième priorité : la pollution de l'eau, qui préoccupe[7] 37,9 % des personnes interrogées.

Les Français se sentent de plus en plus impliqués[8] personnellement dans la protection de l'environnement. Ainsi, ils sont 48 % (+ 11 % par rapport à 1997) à accepter un ralentissement[9] du développement économique, et 33 % (+ 4 %) à accepter un niveau de vie plus faible, pour préserver[10] la nature.

Cela se traduit également[11] par une nette[12] évolution des pratiques de chacun. Ainsi, 69 % des Français déclarent avoir régulièrement pratiqué le tri[13] du verre ; 46 % retournent systématiquement leurs médicaments non utilisés, 45 % leurs piles[14] usagées[15] et 27 % des personnes interrogées déclarent avoir délibérément[16] renoncé[17] à leur voiture individuelle au profit des transports en commun.

Bref, on est bien loin aujourd'hui du « laisser-aller » généralisé des années 70. De plus en plus de gens ont pris conscience[18] de l'importance fondamentale de la protection de l'environnement, dont leur santé dépend directement.

À une réserve près[19] : si les personnes de plus de 50 ans prennent majoritairement[20] à cœur la question et agissent quotidiennement[21] (tri de déchets, emploi des transports publics ...), les moins de 20 ans sont au contraire à peine 20 % à agir ...

Ph. K., *Les Clés de l'actualité,* 10 juin 1999

Les jeunes ont la parole...
p. ex. sur www.phosphore.com

>>> message de : Tina - 02/08/2000
La pollution, l'Erika, les OGM[22] ... tout le monde en parle, mais on n'en retrouve plus beaucoup à agir !!! La raison : " qu'est ce que je peux y faire ?" Facile de dire ça. Alors, en réponse à tous ces dégonflés[23], voilà des gestes simples, que tout le monde peut faire :
– faire deux pas de plus jusqu'à une poubelle[24]
– adhérer[25] à un club
– voter pour les verts
– les poubelles sélectives
– manger bio...
Si chacun y met du sien[26], ça ne rend pas le monde plus propre, mais ça y contribue[27].

Autour du texte

1 Exprimez plus simplement ce qui est dit dans la 1ère phrase du 2ème paragraphe.
2 a) Qu'est-ce qui a changé, depuis les années 70, en ce qui concerne les rapports des Français avec la nature ?
   b) Comment s'explique, d'après vous, le fait que cette prise de conscience arrive maintenant ?
3 53 % des Français s'inquiètent de l'état du monde, mais seulement 13 % de celui de leur région. Comment interprétez-vous cette différence ?
4 a) Quel « prix » les Français sont-ils prêts à payer pour que l'environnement soit mieux protégé ?
   b) Au niveau des comportements quotidiens, qu'est-ce qui a évolué, chez les Français ?
5 Qui ou qu'est-ce que Tina critique, dans son message envoyé à *Phosphore ?*

Au-delà du texte

- *Discussion* – Choisissez un des sujets suivants :
  a) Pour chacune des mesures proposées par Tina, dites si vous la trouvez vraiment utile pour la protection de l'environnement ou si elle sert surtout à se donner bonne conscience. (Vous pouvez faire d'autres propositions, si vous les trouvez plus « utiles ».)
  b) Comment expliquez-vous que les jeunes Français s'intéressent moins que les plus de 50 ans à la protection de l'environnement ? La situation est-elle différente en Allemagne ? D'après vous, que faudrait-il faire pour sensibiliser les jeunes (français) à ce problème ?
- *Internet* – Visitez le site de l'IFEN (http://www.ifen.fr).
  a) Faites le quiz « Testez vos connaissances » et lisez les informations qui correspondent aux réponses.
  b) Retrouvez les cartes de France qui montrent les villes et les régions dans lesquelles la pollution de l'air est la plus forte. Notez les noms de ces villes et régions et expliquez pourquoi la pollution y est plus forte qu'ailleurs.

5 Que faire pour l'Erika ?

Avant de commencer Décrivez la scène représentée sur la photo et dites quelle impression elle vous fait.

1 Une catastrophe écologique

Décembre 1999. L'« Erika », un pétrolier[1] italien transportant du mazout[2] pour la compagnie TotalFina est en difficulté au large[3] de la Bretagne et finit par couler[4], provoquant une immense marée[5] noire qui pollue 400 km de côtes bretonnes et tue des centaines de milliers d'oiseaux et de poissons. Plus d'un an de travail sera nécessaire pour nettoyer[6] les plages et les rochers.

Vieux de 25 ans et en très mauvais état, le bateau n'avait pas fait l'objet de contrôles suffisamment sérieux. TotalFina n'étant pas le propriétaire de l'Erika, la compagnie française a d'abord refusé de porter la responsabilité de la catastrophe.

2 Comment réagir ?

Choqués par la catastrophe de l'Erika, de nombreux jeunes se demandent comment réagir. Sur www.phosphore.com, le site du magazine *Phosphore*, la correspondance est vive. Extraits.

>>> message de : Athéna - 28/08/2000

Pour l'Erika? Simple. Tu passes pas des heures à te lamenter[7] sur les responsables (ici TotalFina) de la catastrophe. Tu prends ta pelle[8] et ton seau[9] et tu ramasses le pétrole. C'est ce que j'ai fait à Noël dernier sur les plages du Morbihan[10].

>>> message de : moise - 29/08/2000

ma petite athéna je suis d'accord avec toi, je pense que l'on a fait trop attention à la question : qui va payer ? ON AURAIT PLUTOT DÛ AGIR QUE DE DÉNONCER[11]

>>> message de : denis - 02/09/2000

Ce que tu as fait est très bien athéna, mais fondamentalement ça n'empêchera pas un second drame comme celui-là d'arriver... Tu as peut-être nettoyé une plage et c'est tant mieux, mais d'une part on sait très bien que les efforts des bénévoles[12] comme toi ont été vains.[13] Et Total ne fera pas plus attention à ses bateaux, malheureusement. Mieux vaut écrire des articles dans des journaux, créer des associations, faire pression[14] sur TotalFina et sur le gouvernement, je ne sais pas moi.

>>> message de : Athéna - 04/09/2000
"denis" n'a pas tort[15] ça a pas servi à grand chose, et puis on a dû enlever 1/10000000000 de "litres" (on peut pas vraiment parler en litres vu la viscosité[16] de ce truc) mais bon, c'est déjà ça et bcp[17] de gens l'ont fait aussi : sans eux, ç'aurait été bien pire[18]. "denis", vas-y, dénonce, si tu penses que ça servira à quelque chose, mais on ne reviendra pas dans le passé, et on n'empêchera pas l'Erika de couler.

>>> message (abrégé[19]) *de superhéros - 06/09/2000*
Denis, tu as raison, il faut faire pression sur Total mais surtout ne pas se décourager, des jeunes s'activent dans des clubs aujourd'hui pour faire éclater les problèmes au grand jour[20]. Il ne faut surtout pas baisser les bras, il faut prendre son courage et se battre[21], après tout c'est notre terre à nous qui est menacée[22]. Les adultes s'en foutent[23], ils seront partis avant que ça n'explose. Il faut se mobiliser en club contre ces catastrophes provoquées par le "génie" humain. Il faut dire oui au progrès mais non à la connerie[24]. Il existe une fédération des Jeunes Pour la Nature qui se constituent[25] en clubs dans toute la France et même ailleurs. Le nôtre au Mans par exemple regroupe des jeunes de 14 à 25 ans, on est pas une secte, nous sommes présents pour que l'on arrête les dégâts[26] et qu'on trouve des solutions pour demain, comme le recyclage.
Le site de la fédé :
http://www.jeunespourlanature.asso.fr
et l'adresse du club du Mans :
clubjpnsauvetanature@waika9.com
et surtout Athéna continue la lutte.

Autour des textes

1 Faites la liste des dégâts que la marée noire a provoqués.
2 a) Relevez dans les messages des jeunes les différentes propositions faites pour réagir à la catastrophe.
b) Dites qui est pour et qui est contre ces propositions, et pour quelles raisons.
3 *« Oui au progrès, non à la connerie. »* Que veut dire Superhéros, l'auteur du dernier message ? A quel genre de situations (autres que l'Erika) pense-t-il peut-être ?
4 Superhéros pense que ce sont surtout les jeunes qui doivent agir. Pourquoi, d'après lui ?
Est-ce que vous êtes d'accord avec lui ?
5 Les auteurs des différents messages utilisent en partie le code oral. Relevez plusieurs exemples qui le montrent.

Au-delà des textes

- *Ecriture –* Réécrivez le deuxième message d'Athéna dans un français plus proche du code écrit.
- *Internet –* Choisissez un des sujets suivants :
  a) Moins d'un an après l'Erika, un autre bateau, le Levoli Sun, a coulé près des côtes de la Bretagne. A l'aide d'un moteur de recherche français (Voilà, Wanadoo, Nomade, Lokace, Excite, etc.), retrouvez les sites internet qui parlent du Levoli Sun. Cherchez-y des informations sur 1) les détails de la catastrophe ; 2) ses conséquences pour l'environnement marin. Comparez cette catastrophe à celle de l'Erika.
  b) Allez visiter le site des *Jeunes pour la nature* (voir l'adresse Internet à la fin du dernier message). Renseignez-vous sur les activités concrètes des clubs représentés. Dites ensuite ce que vous pensez de ces activités et dans quelle mesure elles permettent « d'arrêter les dégâts » ou de « trouver des solutions pour demain ».
- *Compréhension orale (voir les pages « stratégies », p. 110-111).*
  Ecoutez le reportage radio sur les plages du Pouliguen (sur le CD qui accompagne ce livre) sans essayer de tout comprendre tout de suite. *Après la première audition :* De quoi est-il question ? Qu'est-ce que vous avez retenu ? *Deuxième audition :* Notez les indications données sur la côte qui reste à nettoyer, sur les personnes qui y travaillent. Quel problème rencontre-t-on sur les plages, d'après Lionel Blandin ? Après le nettoyage, est-ce que la côte redeviendra exactement comme avant ?
- *Projet – « Aujourd'hui, l'Erika, demain ...... ?»*
  Complétez cette expression pour en faire un slogan de protestation contre la pollution.
  En groupes, choisissez le slogan le plus original et illustrez-le sous forme d'affiche (utilisez p. ex. des collages de photographies, des dessins, des citations ou autres textes courts, etc.)

---

1 **un pétrolier** Öltanker (→ le pétrole) - 2 **le mazout** Heizöl - 3 **au large (d'une côte)** vor - 4 **couler** *ici:* sinken - 5 **la marée** Flut; *ici:* Ölpest - 6 **nettoyer qc** rendre qc propre - 7 **se lamenter** se plaindre - 8 **une pelle** Schaufel - 9 **un seau** Eimer - 10 **le Morbihan** un département breton - 11 **dénoncer** *ici:* anprangern - 12 **(un,e) bénévole** (qn) qui travaille sans (vouloir) être payé - 13 **vain,e** qui ne sert à rien - 14 **la pression** Druck - 15 **avoir tort** ≠ avoir raison - 16 **la viscosité** Zähflüssigkeit - 17 **bcp** beaucoup - 18 **pire** plus mal - 19 **abrégé,e** gekürzt - 20 **au grand jour** ouvertement, en public - 21 **se battre** kämpfen - 22 **menacer** mettre en danger - 23 **se foutre de qc** *fam* ≠ s'intéresser à qc - 24 **la connerie** la bêtise - 25 **(se) constituer** (se) former - 26 **un dégât** Schaden.

6 Fissure nucléaire

Avant de commencer

a) Décrivez le dessin de Plantu, ci-contre, et dites en quoi consiste le jeu de mot utilisé.
b) Imaginez les slogans qu'on pourrait entendre pendant cette manifestation.
c) En deux ou trois phrases, rédigez le texte de fait divers qu'on pourrait lire dans le journal ou entendre à la radio le lendemain de la manifestation.

Des hypocrites[1], les ennemis du nucléaire ? C'est ce que semblent penser beaucoup de jeunes, à en juger par cet échange de méls sur le site Internet du magazine *Phosphore* (textes abrégés).

>>> message de : un mec[2] pas viril[3] - 02/08/2000
C'est bien gentil de dire que le nucléaire, c'est pas bien, mais l'électricité, à votre avis, ça s'obtient[4] comment ? En créant des barrages[5], et ce faisant[6], vous détruisez tout un écosystème, et c'est pas mieux qu'une centrale. L'énergie solaire[7], c'est gentil, mais les endroits où sont installés les panneaux solaires perdent leur beauté. L'énergie éolienne[8], c'est pareil ! Rien n'est gratuit en ce monde, et l'énergie, on est tous content de la trouver quand on en a besoin ! Au lieu de vouloir changer le monde, commencez déjà par trier vos déchets, par arrêter de cracher par terre, de vous servir d'aérosols[9], etc ...

>>> message de : flo - 04/08/2000
C'est toi qui délires[10] : les éoliennes, ça ne pollue pas, ça occupe une toute petite surface au sol, les panneaux solaires, si on les met sur les toits, on ne peut pas dire que ça détruit l'écosystème ... ou alors, c'est les maisons qu'il faut arrêter de construire. Il y a aussi les centrales marémotrices, qui fonctionnent avec l'énergie des marées[11], et l'énergie de la terre, en profondeur[12] : la géothermie.

>>> message de : Amélie -08/08/2000
C'est bien gentil de dire que les éoliennes ne polluent pas, mais savez-vous combien il en faudrait pour produire l'énergie d'une centrale nucléaire ? Beaucoup ... trop !!! D'accord, ça ne pollue pas, mais ça prend de la place et cela détruit les paysages qu'on aime (et à mon avis, bcp + qu'une simple centrale nucléaire).

>>> message de : Kim - 11/08/2000
C'est pas la peine de vouloir essayer de refaire le monde ! Z'avez qu'à commencer par ramasser vos papiers ou prendre le bus!

>>> message de : suzy - 18/10/2000
Quel beau festival d'hypocrites que tous ces gens qui sont contre le nucléaire, contre les voitures, etc. Ce sont les mêmes qui ne font pas 100 mètres sans prendre leur bagnole[13] et qui, en allumant[14] leur ordinateur ou en écoutant de la musique, sont bien contents de trouver de l'électricité... Et l'électricité, elle s'obtient comment, à votre avis ? Grâce au nucléaire ! Que ceux qui sont contre commencent donc par éteindre[15] leur ordinateur, puisque, c'est bien connu, un PC, ça fonctionne au courant électrique (et nucléaire ...).

---

une fissure Spalte, Riss - 1 **un,e hypocrite** Heuchler - 2 **un mec** *fam* un homme, un garçon - 3 **viril,e** männlich - 4 **s'obtenir** *ici:* être produit - 5 **un barrage** Staudamm - 6 **ce faisant** de cette manière - 7 **solaire** → le soleil - 8 **éolien,ne** produit par le vent - 9 **un aérosol** Sprühdose - 10 **délirer** *ici: fam* spinnen - 11 **les marées** *f* Gezeiten - 12 **la profondeur** Tiefe - 13 **une bagnole** *fam* une auto - 14 **allumer** *ici:* einschalten - 15 **éteindre** ≠ allumer.

La production française d'électricité par source d'énergie en 1999 (source : EDF)

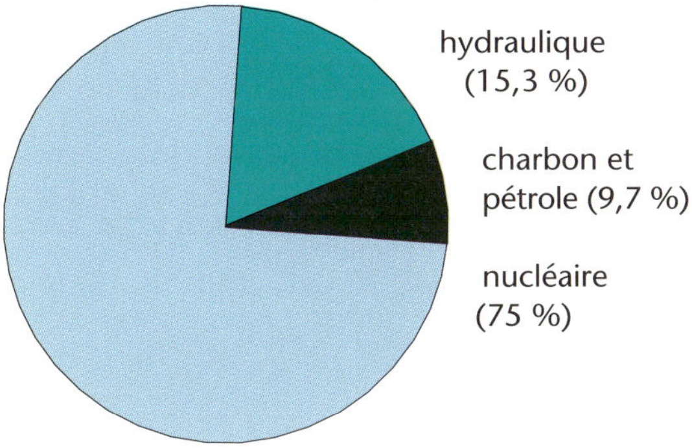

La part du nucléaire dans la production d'énergie de différents pays du monde en 1997 (source : EDF)

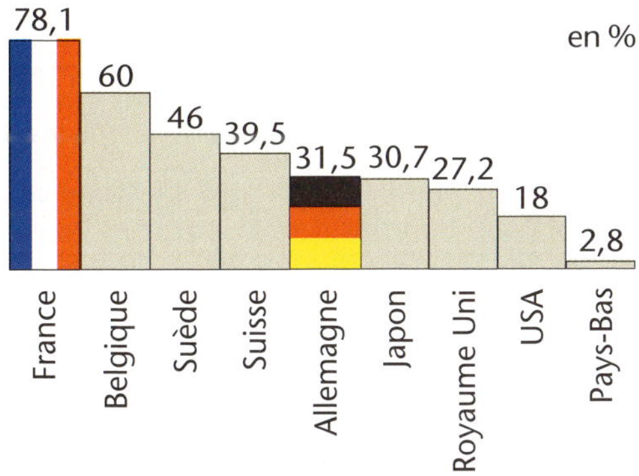

Pourquoi le nucléaire ?

– Suite au développement économique de l'après-guerre, la demande en énergie a nettement augmenté.
– Les réserves françaises en charbon sont insuffisantes, celles de gaz naturel et de pétrole sont faibles.
– Faisant suite à une très forte augmentation du prix du pétrole, la « crise pétrolière » de 1973 montre à quel point la France est dépendante de l'étranger sur le plan de l'énergie, et donc pour toute son économie.
– Pour répondre à la crise, la France lance un grand programme de construction de centrales nucléaires.
En quantité absolue, la France est le deuxième producteur mondial d'énergie nucléaire, derrière les USA.

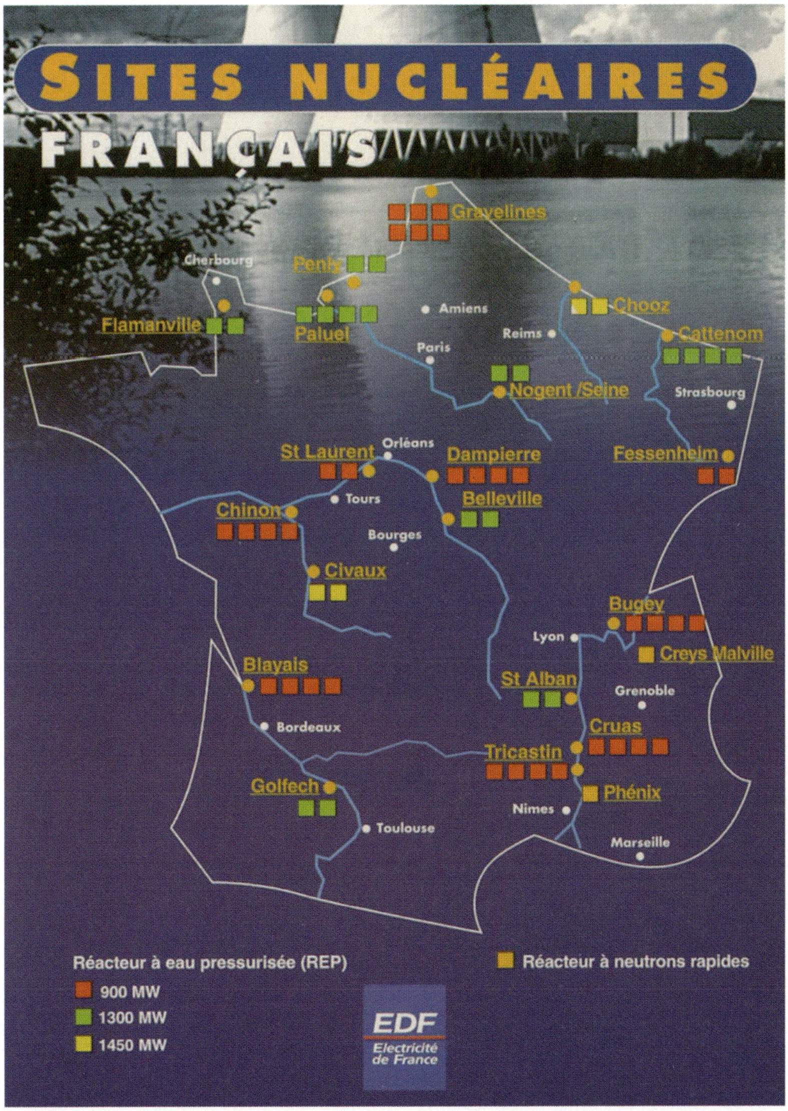

Autour des textes et des statistiques

1 Les messages de Kim et de « un mec pas viril » ont un point commun : lequel ? Que pensez-vous de cette manière de voir les choses ?
2 a) Des cinq jeunes qui s'expriment, qui est « plutôt pour » et qui est « plutôt contre » l'énergie nucléaire ?
b) Pourquoi, d'après certains, est-il hypocrite de condamner l'énergie nucléaire ?
3 a) Quelles alternatives au nucléaire sont mentionnées dans les deux premiers messages ?
b) Relevez les arguments des différents jeunes pour ou contre les alternatives proposées. Que pensez-vous de ces arguments ?
4 Regardez la carte de l'EDF, page 45. Qu'est-ce qu'on constate en ce qui concerne l'emplacement des centrales nucléaires ? Comment est-ce que cela s'explique ?
5 Lisez les informations « Pourquoi le nucléaire ?» et dites pour quelles raisons la France produit autant d'énergie nucléaire.
6 Pour les principaux types d'énergie mentionnés dans le graphique de gauche, dites quels sont leurs principaux avantages et leurs principaux inconvénients.

Au-delà des textes

- *Discussion* – Choisissez l'un des sujets suivants :
  a) Est-il hypocrite d'être contre le nucléaire quand on consomme soi-même de l'énergie d'origine nucléaire ?
  b) Lampe à huile ou nucléaire : Est-ce la seule alternative ?
- *Projet* – Traitez un des deux sujets :
  a) En groupes, rassemblez sous forme de dossier des informations 1) sur les sources d'énergies « classiques » (charbon, gaz, pétrole), 2) sur le nucléaire et 3) sur les énergies renouvelables ou « alternatives » (hydraulique, éolienne, géothermique, biomasse). Comparez ces différentes énergies entre elles sur le plan technique, économique et environnemental puis récapitulez vos résultats sous forme de tableau.
  (Un point de départ possible sur internet : http://ieptlse.citeweb.net/cours/geographie%20eco%20-%20p2%20-%20energie.html)
  b) Informez-vous sur la situation du nucléaire et des énergies renouvelables en Allemagne et sur les grandes lignes de la politique allemande dans ce domaine. Comparez-les avec la situation qui existe en France et avec les grandes lignes de la politique française.

7 Nous n'avons pas peur et nous sommes heureux

Avant de commencer

1 Décrivez la photo ci-dessous. Quel pourrait être le « message » du photographe ? Voyez-vous un rapport entre cette photo et le titre du texte ?
2 Nommez toutes les utilisations du nucléaire que vous connaissez.

Les véliplanchistes[1] sur le lac qui reflète[2] leurs voiles multicolores … une vraie vision de vacances sous le ciel bleu de cette fin d'après-midi de juin ! Pourtant, les silhouettes inquiétantes de deux grosses cuves[3] en béton qui se dressent[4] devant nous, à huit cents mètres à peine, sont là pour nous rappeler que nous sommes en réalité à Saint-Laurent-des-Eaux, petite localité du Loir-et-Cher, célèbre pour ses deux centrales nucléaires dont l'une est la plus vieille de France …

Sur l'autre rive[5] du fleuve, à l'endroit où se déverse[6] l'eau réchauffée par la centrale nucléaire, les pêcheurs se bousculent.

– *Celles-là, je ne vous les donne pas. Je vais les manger, ce soir, avec ma famille,* nous lance un pêcheur, en nous montrant les quatre belles truites[7] qui nagent dans une cuvette[8] posée à ses pieds.

Depuis la construction de la deuxième centrale, l'endroit est une mine d'or pour la pêche : truites et carpes[9] se plaisent dans ces eaux qui, en hiver, atteignent[10] des températures de 13 à 14 degrés. On y voit même des saumons[11].

– *La centrale ne nous gêne[12] pas,* déclare l'employé des PTT[13]. *Bien sûr qu'entre nous, on parle du danger. Mais, en général, on est confiant[14] dans les mesures de sûreté[15].*

▶

1 **un véliplanchiste** Surfer - 2 **refléter** widerspiegeln - 3 **une cuve** *ici:* un bâtiment d'une centrale nucléaire - 4 **se dresser** être debout - 5 **une rive** un côté d'un fleuve - 6 **se déverser** ausfließen - 7 **une truite** Forelle - 8 **une cuvette** (Wasch)Schüssel - 9 **une carpe** Karpfen - 10 **atteindre qc** arriver à qc - 11 **un saumon** Lachs - 12 **gêner** stören - 13 **les PTT** la poste - 14 **confiant, e** vertrauensvoll - 15 **une mesure** Maßnahme -

Sa femme l'interrompt[16] :

– *De toutes façons, nous, à un kilomètre de la centrale, on est sous le parapluie[17] ! On sera moins irradié[18] que les gens qui sont plus loin.*

Bel optimisme ! Pourtant, rien n'est prévu, en cas d'accident, pour préserver l'environnement de la centrale : pas un abri[19] antiatomique, pas d'instructions à suivre.

Un jeune pêcheur se montre lui aussi plutôt confiant : Personnellement, il est favorable[20] aux centrales, parce qu'elles ont ouvert des débouchés[21] dans la région :

– *Lorsque la première centrale s'est montée, voilà plus de quinze ans, il n'y avait pas de problèmes d'embauche comme aujourd'hui. Elle a pourtant donné du travail à plus de 1000 personnes.*

Les gens du pays ont bénéficié[22] largement des allègements[23] d'impôts[24] et des emprunts[25] à faible intérêt[26]. Il suffit d'ailleurs de se promener dans le village de Saint-Laurent-des-Eaux pour en admirer les effets : des rues parfaitement goudronnées[27], éclairées tous les trente mètres, des cafés et des restaurants relativement cossus[28], sans parler d'un équipement sportif à faire pâlir[29] d'envie[30] Blois ou même Tours.

On comprend alors pourquoi les Saint-Laurentins ne prêtent[31] guère[32] l'oreille aux cris d'alarme des « écolos ».

Est-ce à dire qu'il n'y a pas d'inquiétude dans la région ? En général, les employés de la centrale se montrent plus prudents que les autres. Un ingénieur-physicien nous dit :

– *Nous savons tous que nous ne sommes pas à l'abri d'un accident. On est passé très près, d'ailleurs, voilà une dizaine d'années. Le matériel de contrôle des températures, dans le cœur du réacteur, avait eu une déficience[33]. A quelques minutes près, c'était l'explosion, comme à Tchernobyl ! Heureusement, la catastrophe a été évitée à temps.*

Ces risques devraient être éliminés[34] puisque le Commissariat à l'énergie atomique a décidé l'arrêt des deux réacteurs de l'ancienne centrale*.

Leopold Sanchez, *Le Figaro-Magazine,* 7 juin 1986 (texte abrégé).

** Ces deux réacteurs ont été définitivement mis à l'arrêt en 1994. La centrale actuelle ne comporte plus que deux réacteurs, qui ont produit en 1999 10,8 milliards de kilowatt-heure (un peu moins de 3 % de la production d'origine nucléaire française).*

Autour du texte

1 D'après l'article de Léopold Sanchez, la plupart des habitants de Saint-Laurent-des-Eaux sont favorables à la centrale nucléaire. Récapitulez leurs raisons.

2 a) Que signifie la phrase : *« Les Saint-Laurentins ne prêtent guère l'oreille aux cris d'alarme des écolos. »* ?
  b) Qu'est-ce que les écologistes critiquent surtout ?
  c) Expliquez et commentez l'attitude des Saint-Laurentins face à ces critiques.

3 a) Comparez les déclarations de l'ingénieur (L. 61-67) à celles des habitants. Que constatez-vous ?
  b) Expliquez dans ce contexte la réaction du journaliste à la ligne 33 (*« Bel optimisme ! »*).

Au-delà du texte

- *Ecriture* – Rédigez une série d'« instructions à suivre en cas d'incident de la centrale ». (Vous pouvez vous inspirer des conseils donnés par les services des centrales nucléaires allemandes ou par les mairies et que vous trouverez, entre autres, sur internet.) Adressez-vous directement à la population et utilisez surtout l'impératif.
- *Discussion* – Formez plusieurs groupes et préparez les arguments avec lesquels vous participerez à un « débat public » concernant la centrale nucléaire voisine.
  - Un groupe d'écologistes demande l'arrêt complet de la centrale.
  - Les responsables d'EDF mettent l'accent sur tous les avantages de la centrale pour les habitants.
  - Les pêcheurs et les véliplanchistes souhaitent ne rien changer à la situation actuelle.
  - Un groupe d'habitants demande la construction d'un abri anti-atomique.
  - Le maire et ses conseillers cherchent à mettre tout le monde d'accord.

---

16 **interrompre** unterbrechen - 17 **un parapluie** *ici:* Schutzschild - 18 **irradié, e** touché par les rayons radioactifs - 19 **un abri** un bâtiment construit pour protéger qn ou qc - 20 **être favorable à qc** être pour qc - 21 **un débouché** Absatzmarkt - 22 **bénéficier** profiter - 23 **un allègement** → léger - 24 **un impôt** Steuer - 25 **un emprunt** Kredit - 26 **les intérêts** *m ici:* Zinsen - 27 **goudronné, e** → le *goudron* (Teer) - 28 **cossu, e** riche - 29 **pâlir** devenir presque blanc - 30 **l'envie** *f ici:* Neid - 31 **prêter l'oreille à qn** écouter qn - 32 **guère** presque pas - 33 **une déficience** Schwäche; *ici:* Störfall - 34 **éliminer** faire disparaître.

8 Le prix de l'écologie

Avant de commencer

Le recyclage du verre, du papier, des déchets etc. est un moyen de mieux respecter l'environnement et, quelquefois, de faire des économies. Mais les activités de recyclage coûtent aussi de l'argent.
a) Concrètement, qu'est-ce qui rend le recyclage aussi cher ?
b) A votre avis, qui doit finalement supporter les coûts du recyclage ?

Il faut se méfier[1] des promesses[2] trop optimistes : elles sont souvent difficiles à tenir. C'est le cas d'une promesse qu'on entend souvent : « *Plus d'environnement, c'est plus d'emplois* ». Belle formule ! On aimerait beaucoup y croire. De belles et claires rivières[3] pleines de poissons, des airs purs sans fumées, des paysages harmonieux : quelle vision de paradis ! Et pour y parvenir[4], il y a, c'est vrai, beaucoup de travail pour les chômeurs[5]. Mais ce que les écologistes ne disent pas, c'est *qui paiera* pour que cette vision devienne réalité. Si tout le monde s'enthousiasme aussi facilement pour l'environnement, c'est parce que le prix à payer pour une planète plus verte n'est pas souvent visible. Mais à tout avantage correspond un coût ... et c'est nous tous qui le payons.
Les industriels, eux, le savent bien, car ils doivent respecter des normes toujours plus strictes : leurs fumées, leurs eaux usées[6], leurs déchets doivent chaque année être un peu plus « propres ». Les industries chimiques françaises payent à elles seules 4 à 5 milliards de francs pour la protection de l'environnement.
Ça ne fait rien, disent les fanatiques de l'écologie : les capitalistes peuvent payer ! Peut-être. Mais ce qu'ils ne disent pas, c'est que le travailleur paiera avec eux. D'abord parce que les industriels européens ont des concurrents dans des pays moins développés, où le souci[7] de l'environnement est peu présent. Cela fait baisser nos exportations et si cela crée des emplois, ce n'est pas chez nous. Pour faire face à cette situation, nos industriels n'ont le choix qu'entre deux solutions : réduire[8] leurs coûts (et leur personnel) ou bien augmenter leurs prix – et cette option ne favorise[9] ni la demande, ni l'emploi.
L'écologie *détruit* donc des emplois. Mais, direz-vous, la préservation de la nature en crée d'autres : ces filtres, ces stations d'épuration[10], il faut que quelqu'un les fabrique ! Oui, mais qui peut prouver[11] que ceux-ci sont plus nombreux que ceux-là ? Une seule chose est sûre : plus on investit dans l'environnement, plus on court le risque de détruire plus d'emplois qu'on n'en crée.

D'après Philippe Manière, *Le Point*, 9 octobre 1993 (texte abrégé et simplifié).

Autour du texte

1 Retrouvez le sens des mots suivants à l'aide d'un mot de la même famille *(voir les préfixes et suffixes, page 11)* : *visible* (L. 16), *les exportations* (L. 31), *la préservation* (L. 38), *l'épuration* (L. 39).
2 Faites le plan du texte *(voir la page 112)* et dites en quelques mots de quoi il est question dans chaque partie.
3 a) Quelle est l'idée générale du texte ?
b) Récapitulez les arguments de Philippe Manière. Quel est le point faible de son argumentation ?
4 Etes-vous d'accord avec les arguments de l'auteur ? Justifiez votre opinion.

1 **se méfier de qc** etw. misstrauen - 2 **une promesse** → promettre - 3 **une rivière** Fluss - 4 **parvenir à** réussir à - 5 **un chômeur** qn qui ne trouve pas de travail - 6 **usé, e** *ici:* sale - 7 **un souci** Sorge; *ici:* Respekt - 8 **réduire qc** faire baisser la quantité de qc - 9 **favoriser qc** begünstigen (→ favorable)- 10 **une station d'épuration** Kläranlage - 11 **prouver** beweisen.

Stratégies Analyse et commentaire

L'analyse, à quoi ça sert ?

L' *analyse* sert à bien comprendre un texte à partir des différents éléments qu'il contient et à retrouver l'intention de son auteur à partir des arguments que celui-ci propose. (Dans un texte littéraire, elle sert aussi à comprendre le comportement des personnages, leurs motifs, etc.)

L'analyse : Comment s'y prendre ?

1 Lisez bien le titre, puis le texte. Notez d'un côté les **faits,** de l'autre les **opinions** et prises de position.
2 Reconstruisez la **chaîne des arguments** qui mène l'auteur à sa conclusion.
3 A l'aide de cette chaîne d'arguments et de la conclusion du texte, retrouvez les **intentions** de l'auteur : Veut-il seulement décrire ou expliquer quelque chose, informer le lecteur ? le convaincre ? l'émouvoir ? le faire agir ?

1 « Faits » ou « opinions » ?
Avec le *je*, l'auteur exprime directement son opinion. Mais dans les textes informatifs ou descriptifs, le sujet est généralement à la 3ème personne. Cela ne veut pas dire que l'auteur est neutre : son opinion peut alors s'exprimer indirectement (par l'ironie, p. ex.).
Si l'auteur utilise la 2ème personne, c'est peut-être aussi pour influencer le lecteur.

2 La « chaîne des arguments »
Elle peut prendre différentes formes : simple explication des causes et des conséquences de certains faits, série d'arguments en progression croissante *(steigend)* ou décroissante, ou encore thèse / antithèse / synthèse.

Exemple

1 Relisez le texte de la page 49. Quelle est la phrase principale de l'introduction et quelle est sa fonction ?
(« Plus d'environnement, c'est plus d'emplois.» C'est la thèse que l'auteur va discuter dans son article)
2 Dans le développement et la conclusion du texte (L. 6-45), retrouvez les différents arguments de l'auteur et mettez en évidence les « rapports logiques » qui existent entre ces arguments.
+ *Pour :* *La protection de l'environnement est une belle vision (L. 6-10).*
? *Mais :* *Beaucoup n'en connaissent pas le prix (L. 11-17).*
– *Contre :* *Fait 1 : Les industriels paient déjà beaucoup (L. 18-25).*
Conséquence 1: Le souci de l'environnement fait baisser les exportations (L. 25-32).
Conséquence 2 : La baisse des exportations entraîne une baisse de l'emploi (L. 32-36).
+ *Pour :* *Fait 2 : La protection de l'environnement crée aussi des emplois (L. 37-40).*
? *Mais :* *On n'a pas pu prouver qu'elle en crée plus qu'elle n'en détruit (L. 40-42).*
– *Conclusion : La protection de l'environnement* risque *de détruire l'emploi (L. 42-45).*
3 Quelle est la position de l'auteur ? (Est-il pour ou contre la protection de l'environnement ?)
(Il n'est pas contre la protection de l'environnement, mais il est contre les écologistes qui affirment naïvement que la protection de l'environnement n'a que des avantages pour la population.)
4 a) Qu'est-ce que l'auteur cherche à atteindre avec cet article ? *(Il veut surtout* convaincre *le lecteur.)*
b) A quoi le remarque-t-on, sur le plan de la forme ?
(Il présente sa propre opinion sous une forme très affirmative : « il faut », « une chose est sûre » ; il relativise celle des autres par un conditionnel, plusieurs exagérations, des expressions ironiques ; Il cherche à impliquer directement le lecteur : « c'est nous tous qui payons *», « mais, direz-*vous*»).*

Les trois types de commentaire

- *Type A* – A partir d'une thèse portant sur la civilisation ou la littérature française :
une argumentation qui s'appuie surtout *sur les informations ou sur les idées fournies par le texte.*
- *Type B* – A partir d'une affirmation prise dans le texte que vous venez de lire :
une *discussion des arguments avancés par l'auteur,* qui doit mener à une prise de position personnelle.
- *Type C* – A partir d'un problème d'ordre général mentionné plus ou moins directement dans le texte que vous venez de lire : une prise de position *basée sur votre expérience personnelle* et/ou sur vos propres idées (c'est le « commentaire personnel »).

Le commentaire : Comment s'y prendre ?

1 Dans votre **introduction,** formulez clairement et brièvement le sujet général.
2 Le **développement** dépend du type de commentaire *(voir ci-dessous).*

Type A

- Relevez les idées du texte qui *confirment* et celles qui *contredisent* la thèse mentionnée dans le sujet.
- Pour développer votre propre argumentation, commencez par les idées avec lesquelles vous êtes le moins d'accord, terminez par celles qui correspondent le mieux à votre propre position.

Type B

Classez les arguments de l'auteur pour établir ensuite votre plan d'argumentation, p. ex. :

a) les arguments de l'auteur avec lesquels vous êtes *(plutôt) d'accord* ;
b) les arguments avec lesquels vous n'êtes *(plutôt) pas d'accord* ;
c) vos *propres arguments,* que vous opposez à ceux de b) pour soutenir votre opinion.

Type C

- **Si** vous êtes *franchement pour ou contre* qc : Enumérez vos arguments en les mettant par ordre d'importance croissante. Reliez-les entre eux (Tout d'abord, De plus, Ensuite, Enfin *).
- **Si** vous prenez une position du genre *« oui, mais »* : Commencez par les arguments « plutôt contre » ce qui constitue votre propre position, opposez-leur ensuite les arguments « plutôt pour ». N'oubliez pas de faire la transition (Cependant, Malgré cela, Bien que ... *).
- Illustrez vos arguments par des exemples basés, si possible, sur votre expérience personnelle.
- **Si** vous ne pouvez ou ne voulez *pas* prendre position : Expliquez pourquoi vous ne le faites pas.

* *Voir aussi « les mots pour le dire », page suivante (et les conseils « bien rédiger vos textes », p. 112-113).*

A vous !

1 *Type A* – Aujourd'hui, tout le monde semble s'enthousiasmer pour la protection de l'environnement. Est-ce une vraie nécessité ou seulement une question de mode ? Rédigez un commentaire en tenant compte des arguments de Philippe Manière.
2 *Type B* – *« L'écologie détruit des emplois »,* affirme Philippe Manière dans son texte « Le prix de l'écologie ». Partagez-vous son opinion ?
3 *Type C* – La protection de l'environnement justifie-t-elle *tous* les sacrifices ?

Les mots pour le dire

l'opinion de l'auteur

L'auteur / Il / Elle | est d'avis / affirme / prétend / explique / trouve / estime / semble penser | que ...

D'après / Selon | le texte, ... / l'auteur, ... / lui, ... / elle, ...

Il / Elle | est pour / approuve | qc.
recommande / propose / suggère / conseille | qc. / de *(+ inf.)*

Il / Elle | est contre / critique / rejette / refuse | qc.
s'oppose à qc.
regrette que ...

pour ou contre l'auteur

L'auteur a | raison / tort | quand il dit / en pensant / de prétendre | que ...

L'opinion / La thèse / L'argument | selon laquelle / selon lequel | ...
... est | (in)discutable. / (peu) convaincant(e). / (in)acceptable. / (in)compatible avec ...

Je suis (tout à fait) d'accord avec
X quand il / elle dit que...
cette opinion.
cette thèse.
cet argument.

Je ne suis pas (du tout)
d'accord avec X / l'auteur.
de l'avis de qn.

D'un côté, ... de l'autre ...
D'une part, ..., d'autre part ...

sa propre opinion

A mon avis, ...
D'après moi, ...

J'admets / Je comprends | que *(+ subj.)*, mais ...

(Moi,) | j'ai l'impression / je | pense / crois / trouve / suis d'avis | que ...

Il est | vrai / clair / exact | que *(+ ind.)*, mais...

Ce que je trouve | important, / intéressant, | c'est ...

Pour moi, | ce qui compte, c'est ... / l'essentiel est de *(+ inf.)*

Le premier lycée « vert »

Avant de commencer

1 Dans votre école, y a-t-il des mesures ou des règles concrètes dont le but est de mieux (faire) respecter l'environnement ? Lesquelles ? D'après vous, ces mesures ou ces règles sont-elles efficaces ?
2 Si vous vouliez construire une maison « écologique », qu'est-ce que vous demanderiez à l'architecte et à l'entreprise de construction de faire ou de respecter ?

Lumière naturelle, énergie éolienne et solaire, récupération[1] de l'eau … À Calais, le premier lycée « Haute qualité environnementale » vient d'ouvrir ses portes.

Pour 1 700 élèves de Calais (Pas-de-Calais), la rentrée 1998 est placée sous le signe de la découverte et de l'innovation. Le lycée de la Mivoix, qui vient d'être inauguré[2], est en effet le premier lycée HQE (Haute qualité environnementale) de France.
« Pour bénéficier du label[3] HQE, expliqueThierry Dillies qui fut le chef de conduite du projet, *il faut que tout soit construit autour de quatre axes parfaitement définis.*
Premièrement, on étudie l'implantation[4] du bâtiment dans son milieu : orientation par rapport au soleil, par rapport aux vents dominants, aux pentes[5] du terrain …
Deuxièmement, on examine tous les matériaux et techniques utilisés. Cela va très loin, puisque nous vérifions[6] non seulement la qualité du matériau mais également comment il a été fabriqué, avec quelle énergie … Et, enfin, comment ce matériau évoluera[7] avec le temps, y compris lorsqu'il sera devenu déchet.
Troisièmement, nous avons cherché les meilleures solutions pour obtenir[8] un éclairage[9] naturel maximal, afin d'économiser l'électricité ; les toits-terrasses avec des plantations (c'est un isolant) ; la récupération des gaz brûlés dans la chaudière[10], pour produire de l'électricité ; l'installation de panneaux solaires et d'une éolienne, également pour

---

1 **la récupération** *ici:* le recyclage - 2 **inaugurer** feierlich eröffnen - 3 **un label** une étiquette (« officielle ») - 4 **l'implantation** *f ici:* la mise en place (→ planter) - 5 **la pente** Gefälle - 6 **vérifier** contrôler - 7 **évoluer** sich entwickeln - 8 **obtenir** avoir - 9 **l'éclairage** *m* Beleuchtung (→ clair) - 10 **une chaudière** Heizungsanlage (→ chaud) -

la production d'énergie ; la récupération des eaux de pluie ... »
Quatrième et dernière particularité[11] de cette construction : elle s'est réalisée[12] sur un chantier[13] « propre » ! Recyclage des déchets, tri sélectif ...
Coût total de cette opération[14] : 191 millions de francs, soit 10 à 15 % de plus que pour la construction d'un lycée « classique » de même taille. Mais il est prévu de réaliser environ 30 % d'économies d'énergie par an.
De plus, par rapport aux autres établissements, ce lycée « vert » n'a pas seulement pour vocation[15] de faire des économies[16] et de respecter parfaitement l'environnement. Il doit également servir de « sensibilisateur » à ces questions pour tous les lycéens qui y travaillent.
Né d'une volonté politique au départ (la présidente de la Région à l'origine du projet, Marie-Christine Blandin, fait partie du mouvement écologiste Les Verts), le lycée de Calais fait des émules[17]. Notamment[18] en région Rhône-Alpes, qui envisage[19] deux contructions de ce type.

Les Clés de l'actualité, 3 septembre 1998 (texte abrégé).

Autour du texte

1 Pourquoi appelle-t-on le lycée de Calais un lycée « vert » ?
2 a) Récapitulez tout ce qui a été fait pour rendre cet établissement « écologiquement correct ».
b) Quelles sont les implications concrètes des mesures du premier « axe » (L. 11-14) ?
3 a) Peut-on dire qu'un lycée vert comme celui de Calais est « économique » ?
b) A votre avis, quel genre d'économies pourra-t-on y faire ?
4 Quels effets « pédagogiques » ce lycée peut-il avoir ?

Au-delà du texte

- *Projet* – Faites une « analyse écologique » de votre lycée en comparaison avec les mesures prises pour la construction du « lycée vert » de Calais. Puis faites quelques propositions concrètes pour rendre votre école plus « écologique » et définissez les *conditions* qui seraient nécessaires pour que ces propositions soient réalisables. Choisissez ensuite *une* de ces propositions et essayez de convaincre d'autres élèves ou des profs pour qu'ils vous aident à la mettre en pratique (pour cela, vous pouvez p. ex. préparer un dossier et / ou faire des affiches sur ce sujet).

---

11 **une particularité** Besonderheit - 12 **réaliser** faire - 13 **un chantier** un lieu de construction - 14 **une opération** *ici:* un projet - 15 **la vocation** Berufung; *ici:* le but - 16 **des économies** *(f)* → économiser - 17 **faire des émules** servir d'exemple pour les autres - 18 **notamment** insbesondere - 19 **envisager qc** avoir l'intention de faire qc.

Texte 10 : 1 **s'exposer à qc** ≠ se protéger contre qc - 2 **volontaire** ≠ forcé, obligé - 3 **une avalanche** Lawine - 4 **un baladeur** un walkman - 5 **poussé,e à fond** dont le volume est au maximum - 6 **une boîte de nuit** *fam* une discothèque - 7 **cesser** arrêter, finir - 8 **bruyant, e** [bʀɥijɑ̃] qui fait du bruit - 9 **émettre** (aus-)senden, -strahlen - 10 **en continu** sans s'arrêter - 11 **un baffle** Lautsprecher - 12 **équivaloir à qc** être de même valeur que qc - 13 **le décollage** *pour un avion* le départ - 14 **auditif, -ve** qui se rapporte à l'*audition* (das Hören) - 15 **Johnny (Halliday)** un chanteur de rock français - 16 **le coton** Watte - 17 **au propre / au figuré** im eigentlichen / im übertragenen Sinne - 18 **un accusé** Angeklagter - 19 **délivrer** *ici:* donner, produire - 20 **la convenance** *ici:* le goût personnel (→ convenir) - 21 **une crête** une pointe (Spitze) - 22 **temporaire** qui ne dure qu'un certain temps - 23 **la récupération** *ici:* le fait de retrouver sa forme «normale».

0 Attention les oreilles !

Avant de commencer

1 Est-ce que vous êtes quelquefois dérangé par le bruit ? Dans quelles situations et par quelle sorte de bruit ?
2 Classez les bruits suivants dans un ordre qui va du plus désagréable au plus agréable.
   a) la sonnerie du téléphone
   b) des cris d'oiseaux
   c) le départ d'une moto
   d) du rock dans un baladeur
   e) des coups de marteau
   f) un concert de rock
   g) un orage
   h) des cris de bébé
   i) une voiture qui freine brusquement
   j) une tondeuse à gazon (Rasenmäher)
   k) la musique d'une discothèque.
3 Comparez votre classement avec le « thermomètre du bruit », ci-contre. Le problème du bruit est-il une simple question de volume sonore ? A votre avis, quels autres éléments faut-il aussi considérer ?
4 Est-ce que vous aimez écouter de la musique avec un volume sonore très élevé ? Pourquoi (pas) ?

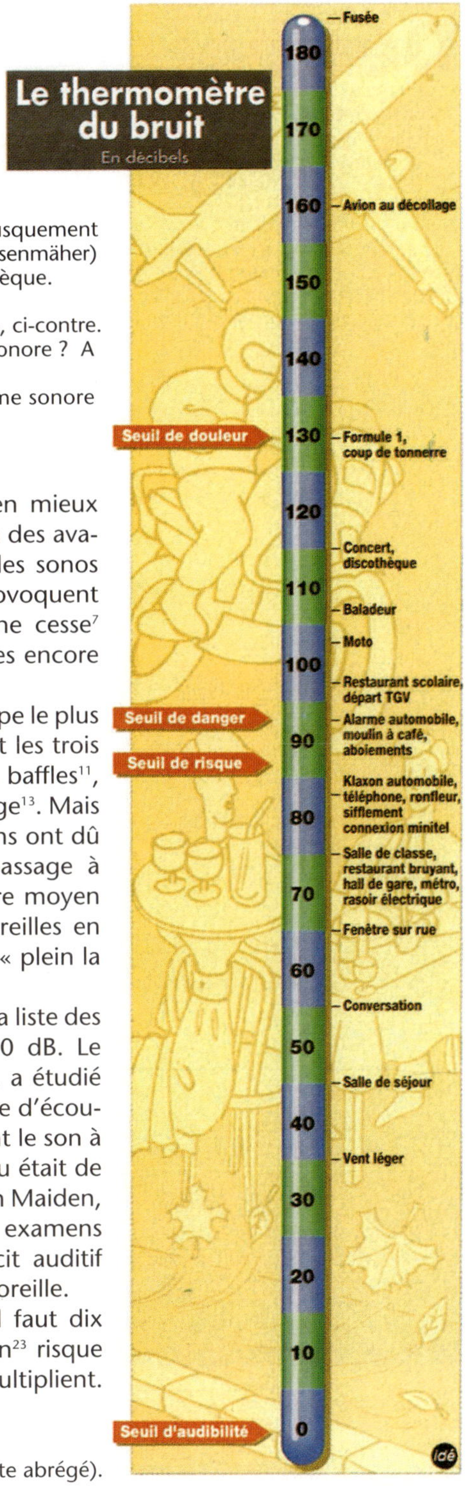

Alors que les professionnels se protègent de mieux en mieux contre le bruit, les jeunes s'exposent[1] volontairement[2] à des avalanches[3] de décibels. Les baladeurs[4] poussés à fond[5], les sonos superpuissantes des boîtes de nuit[6] ou des concerts provoquent des dégâts parfois irréparables. La pollution sonore ne cesse[7] d'augmenter. Et il existe peut-être d'autres responsables encore inconnus.

Dépêche Mode serait, selon une étude suédoise, le groupe le plus bruyant[8], avec 110 décibels émis[9] en continu[10] pendant les trois heures de concert. Soit, pour les fans placés à côté des baffles[11], un bruit équivalant[12] à celui d'un Boeing 747 au décollage[13]. Mais U2 n'est pas mal, Madonna non plus : trente de ses fans ont dû être hospitalisés pour troubles auditifs[14] après son passage à Lausanne. Quant à Johnny[15], il atteint un niveau sonore moyen entre 100 et 105 dB. Le public repart content, les oreilles en coton[16]. Il risque d'en garder longtemps des souvenirs « plein la tête ». Au propre comme au figuré[17].

Les baladeurs figurent également en bonne place dans la liste des accusés[18]. Certains d'entre eux délivrent[19] jusqu'à 110 dB. Le docteur Drystan Loth, de l'hôpital Lariboisière, à Paris, a étudié l'audition de douze volontaires avant et après une heure d'écoute de musique classique et de hard-rock (chacun réglant le son à sa convenance[20]). Pour le « Gloria » de Vivaldi, le niveau était de 94 dB en moyenne, avec des pointes à 109 dB. Pour Iron Maiden, il était de 89 dB, mais avec des crêtes[21] à 126 dB. Les examens réalisés ensuite montrent dans les deux cas un déficit auditif temporaire[22] dans les fréquences les plus sensibles de l'oreille.

Après cinq heures passées dans une boîte de nuit, il faut dix heures de repos pour compenser. Mais la récupération[23] risque d'être de moins en moins complète si ces soirées se multiplient. On l'aura compris : le bruit est un plaisir dangereux.

Anne Jeanblanc, *Le Point,* 7 août 1993 (texte abrégé).

Autour du texte

1 Qu'est-ce qui montre que le bruit des concerts est mauvais pour la santé ?
2 Pourquoi peut-on dire que le bruit est une « pollution » ?

Au-delà du texte

- *Internet* – Consultez la rubrique « bruit » du site internet de la Maison Santé pour Tous, de Genève, en Suisse (www.maisonsante.ch/fr/bruit.html).
  a) Ecoutez les exemples de bruits de différentes fréquences.
  b) Relevez tous les effets négatifs que le bruit peut avoir sur la santé.
  c) Dites ce que conseille la Maison Santé pour Tous pour lutter contre le bruit.
- *Commentaire (voir les conseils donnés aux pages 50 à 52) – Choisissez l'un des sujets suivants :*
  a) Que faut-il penser des gens qui veulent fermer les discothèques ou interdire les concerts de rock ou de techno ? Rédigez un commentaire en tenant compte des informations contenues dans le texte d'Anne Jeanblanc.
  b) Les jeunes semblent trop aimer le bruit, affirme Anne Jeanblanc dans son texte. Partagez-vous son opinion ?
  c) Le plaisir est rarement innocent. Ne justifie-t-il pas que l'on prenne certains risques ?

Johnny Halliday en concert à Paris

1 Hé ! Toi, l'Arabe !

1. Décrivez les dessins et racontez l'« histoire » qu'ils mettent en scène.
2. Expliquez le comportement de l'agent de police.
3. Est-ce que cette histoire vous rappelle des situations que vous connaissez déjà ? Racontez ...

2 Trop bronzés ...

Avant de commencer

1 Trouvez-vous que c'est chic d'être bronzé ? Aimez-vous aller au solarium ou rester des heures au soleil pour bronzer en été ? Peut-on être « trop » bronzé ?
2 a) A votre avis, pourquoi la couleur de la peau joue-t-elle souvent un rôle dans les contacts humains ?
b) Est-ce qu'elle joue un certain rôle pour vous aussi ?

Faits divers (relevés dans la presse nationale)

Flers (Orne), janvier 1999 :
Dix ans après l'« affaire du foulard[1] » de Creil, où trois élèves musulmanes avaient été renvoyées[2] de leur école parce qu'elles refusaient[3] d'enlever leur foulard pendant les cours, deux jeunes élèves turques ont, pour la même raison, été renvoyées du collège Jean-Monnet. Comme l'avaient été, les années précédentes[4], d'autres élèves d'origine marocaine, tunisienne ou algérienne à Nantua, Vendôme, Mantes-la-Jolie ou encore Montpellier. Jusqu'à ce jour, on ne connaît aucun[5] exemple d'élève renvoyé de l'école parce qu'il portait une croix[6] ou une kippa[7].

Mars 2000 :
88 discothèques situées dans différentes villes de France ont été « testées » par l'association SOS-Racisme, qui y a envoyé trois couples[8] : un blanc, un noir, un couple d'origine maghrébine. Alors que le couple blanc n'a jamais eu de difficulté pour être admis[9], les deux autres couples ont été refusés à l'entrée par plus de la moitié des boîtes de nuit visitées.

Noyarey (Isère), mars 2000 :
Roland L., 39 ans, avait passé une offre d'emploi pour l'entreprise qu'il dirige. Le premier candidat qui avait les qualifications demandées, un Marocain de vingt-quatre ans, est refusé. Comme sont refusés, au téléphone, deux autres candidats aux noms d'origine maghrébine. A l'agence pour l'emploi qui s'informe sur les raisons de ces refus, Roland L. explique : « *Je veux des Paul et des Rémi, des bien français ! Pas de bicots[10], pas de bougnoules[10].* » Pas de chance pour lui, le responsable de l'agence s'appelle ... Mohamed Lahcine. Ce dernier a fait condamner[11] l'employeur par un tribunal[12] de Grenoble.

Pouzauges (Vendée), avril 2000 :
« *Sale négro !* » Ce sont les derniers mots entendus par Bruno Lamie, 37 ans, originaire de la Guadeloupe, avant de se faire tuer d'une balle dans la gorge[13]. Il avait simplement pris la défense d'une femme menacée[14] par deux hommes qui avaient trop bu. Un des deux hommes est revenu avec un fusil[15]. Bruno Lamie était marié et père de trois enfants.

PROJET DE CHARTE CONTRE LE RACISME

ARTICLE 1 :
Tous les hommes naissent libres et égaux en droits, quel que soit le niveau de leur bronzage.

ARTICLE 2 :
L'article précédent s'applique[16] aussi aux femmes, même si elles sont voilées[17].

ARTICLE 3 :
Les Arabes ayant inventé l'algèbre, nous leur devons le respect et l'ordinateur.

ARTICLE 4 :
Le racisme étant la peur de l'autre, il existe des racistes blancs, mais aussi des racistes noirs, jaunes, etc.

ARTICLE 5 :
Il faut empêcher les antiracistes militants de grossir les rangs[18] des racistes chaque fois qu'ils prennent la parole.

ARTICLE 6 :
Toutes les expériences[19] ont prouvé[20] que le racisme n'était pas soluble[21] dans l'alcool.

ARTICLE 7 :
Quand nous serons tous allongés[22] sous terre à l'horizontale, les asticots[23] seront incapables de distinguer lequel d'entre nous appartenait à une race supérieure.

Henri Montant, *Le Monde*, 3 avril 1990.

---

bronzé,e braun gebrannt - *Faits divers:* 1 **un foulard** Kopftuch - 2 **renvoyer** *ici:* verweisen - 3 **refuser** ≠ accepter - 4 **précédent,e** ≠ suivant - 5 **aucun,e** pas un(e) seul(e) - 6 **une croix** Kreuz, Kruzifix - 7 **une kippa** jüdische Kopfbedeckung - 8 **un couple** Paar - 9 **admettre qn** *ici:* laisser qn entrer - 10 **un bicot, un bougnoule** *fam et péjoratif* un Maghrébin - 11 **condamner** verurteilen - 12 **un tribunal** Gericht - 13 **la gorge** Kehle - 14 **menacer qn** bedrohen (→ une menace) - 15 **un fusil** Gewehr. *Projet de charte:* 16 **s'appliquer à** être valable pour - 17 **voilé,e** qui porte un *voile* (Schleier) - 18 **grossir les rangs des ...** rendre plus nombreux les ... - 19 **une expérience** 1. (Labor)Versuch, 2. Erfahrung - 20 **prouver** beweisen - 21 **soluble** löslich - 22 **allongé,e** couché - 23 **un asticot** Made.

Autour des textes

1 Fait divers 1 (Flers) : Quelle différence y a-t-il entre le foulard des élèves musulmanes (L. 5), d'une part, la croix et la kippa (L. 14), d'autre part ? D'après vous, pourquoi y a-t-il problème dans un cas et pas dans l'autre ?
2 Fait divers 2 : A votre avis, pour quelles raisons certains patrons de discothèques ne laissent-ils pas entrer les Noirs et les Maghrébins ?
3 Fait divers 3 : Récapitulez en une ou deux phrases ce qui s'est passé à Noyarey et expliquez pourquoi Roland L. n'a pas eu de « chance ».
4 a) Expliquez le sens des différents articles de la charte.
b) A quels articles de la charte « correspondent » les quatre faits divers ?
c) Quels sont les articles de la charte qui vous paraissent les plus importants ? Dites pourquoi.

Au-delà des textes

- *Discussion* – L'auteur du « projet de charte » s'attaque avec humour au racisme. A votre avis, l'humour peut-il être une arme efficace contre un problème aussi sérieux ?
- *Créativité* – A partir de ce « projet » de charte, rédigez une charte définitive. Pour cela,
  a) transformez les passages amusants en un texte plus neutre ;
  b) ajoutez d'autres articles, qui vous semblent importants.
- *Commentaire* – « Le racisme est la peur de l'autre. » (Art. 4 de la charte)
  Expliquez, puis, à l'aide d'exemples concrets, prenez position pour ou contre cette affirmation.
  (Voir les conseils donnés aux pages 50-52.)
- *Internet* – Visitez le site de SOS-Racisme (http://www.sos-racisme.org) et relevez les informations que vous y trouverez a) sur les actions de cette association et b) sur les conséquences du « test » des discothèques.

3 United colours of Tarascon

Avant de commencer

1 Qu'est-ce que vous associez avec le titre de ce texte ? D'après vous, de quoi sera-t-il question dans ces pages ?
2 Dites ce que vous voyez sur la photo : Où se passe la scène ? De quel pays pourraient venir les personnes qu'on y voit ? A quels détails le remarque-t-on ?

Mardi, 10 heures, marché de Tarascon, en Provence. Un petit groupe de Marocaines en hidjab[1] s'affairent[2] autour d'un marchand de vêtements maghrébin. André, 62 ans, n'arrive toujours pas à s'y faire : « *Aujourd'hui, j'ai l'impression de ne plus être chez moi. Trop c'est trop !*» Comme de nombreuses personnes âgées[3] de Tarascon, André ne reconnaît plus sa ville. Il a peur. Et pourtant, à Tarascon il n'y a ni ghetto ni cités pour immigrés. Pas même de quartier arabe.

Tous les matins, Saïd, 65 ans, va rejoindre[4] deux amis – Algériens et retraités[5] comme lui – sur un banc[6] public. Là, ils commentent les nouvelles du pays. Lorsqu'on lui demande pourquoi, avec ses amis, il ne va pas discuter dans un café, Saïd répond : « *Ici, nous ne dérangeons personne. Nous pouvons parler notre langue sans entendre de réflexions[7] désagréables.* »

Tarascon, à une vingtaine de kilomètres d'Avignon, est une petite ville tranquille de 12 500 habitants. Mais avec 11% de chômeurs et une communauté[8] d'origine étrangère relativement nombreuse : à peu près 20% de la population. A Tarascon comme dans tout le sud de la France, le Front national[9] prospère[10]. 22,8% aux élections[11] municipales de 1995. Paul, 45 ans, qui travaille dans une petite entreprise locale, constate : « *Il y a encore dix ans, on parlait des Arabes sur le ton de la galéjade[12]. Mais maintenant, des ouvriers s'affichent[13] ouvertement racistes et votent Le Pen !* »

« *Chaque fois qu'il y a un vol, on accuse les Arabes et les gitans[14],* s'indigne[15] Ali, 19 ans. *Après, ils disent qu'on est violent avec eux !* » L'insécurité dont les Tarasconnais se plaignent tant ? « *Un fantasme,* dit un magistrat[16]. *C'est l'effet pervers de tout ce qu'ils voient à la télé et entendent à la radio. En sept mois, il n'y a eu qu'un vol à main armée[17], deux vols avec violence, 60 petits cambriolages[18] et 70 vols de voitures. Et attention : la moitié des délits sont commis[19] par des jeunes militaires ou des gens de passage.* » Et pourtant, Tarascon a peur.

« *Des fois, les jeunes font un peu de bruit,* reconnaît Rachid, beur[20] et Rmiste[21], *il faut bien qu'ils s'amusent. Les vieux ne supportent pas. Alors ils appellent la police, pour un rien.* » Mais pour Rachid, le vrai problème c'est le boulot. Pas simple de trouver un emploi quand on s'appelle Rachid. « *Quand je téléphone pour une place et que je dis mon nom, c'est cuit.* » Cette sélection au faciès[22] ou au patronyme[23], les jeunes issus[24] de l'immigration, formés dans la culture française, la supportent mal. « *Intégration, j'en ai marre d'entendre parler d'intégration,* dit Hakim, 28 ans. *Je suis né à Tarascon, j'y ai fait mes études. Ma famille et mes amis sont ici. Expliquez-moi comment je pourrais être mieux intégré ! Ce n'est pas d'intégration qu'il faut parler, c'est d'acceptation. Quand nous serons acceptés par les autres, quand on cessera[25] de nous reprocher nos gueules[26], les choses iront mieux.* »

Hadj Meknessi, la cinquantaine, est le président de l'association des musulmans marocains de Tarascon. « *Ici, nous nous sentons bien intégrés,* dit-il. *Je suis convaincu[27] que la religion peut changer les choses en aidant les jeunes à mieux s'intégrer, à ne pas voler, ne pas boire ni se droguer.* » La mosquée est un lieu de régulation sociale, un facteur de stabilité. Tarascon ville mosaïque. Entre intégration et discrimination. Entre coexistence pacifique et préjugés[28] raciaux.

Farid Aïchoune, *Le Nouvel Observateur*, 17 octobre 1996 (texte abrégé)

Extraits d'un sondage CSA (septembre 1996) :

Est-ce que vous avez été personnellement victime[29] de paroles ou de comportements racistes ?

(%)	**oui**	**non**
– Etrangers	48	50
– Français d'origine étrangère	65	32
– Français des DOM-TOM[30]	39	58

Questions posées aux étrangers :

(%)	**oui**	**non**
Préféreriez-vous …		
– vivre dans un quartier où il y aurait un mélange de Français et d'étrangers ?	88	6
– rester en France, même si vous trouviez un travail dans votre pays ?	56	36
– que vos enfants deviennent français ?	49	26

(complément 100 % : ne se prononcent pas)

1 **un hidjab** un foulard islamique - 2 **s'affairer** être très occupé - 3 **âgé,e** vieux - 4 **rejoindre qn** retrouver qn - 5 **un retraité** Rentner - 6 **un banc** (Sitz)Bank - 7 **une réflexion** *ici:* une remarque - 8 **une communauté** Gemeinschaft - 9 **le Front national** un parti d'extrême-droite - 10 **prospérer** *ici:* faire des progrès - 11 **les élections** *f* Wahlen (→ un électeur) - 12 **une galéjade** *provençal* une histoire amusante et exagérée - 13 **s'afficher** se montrer - 14 **un gitan** Zigeuner - 15 **s'indigner** sich empören - 16 **un magistrat** Richter, Staatsanwalt - 17 **un vol à main armée** bewaffneter Überfall - 18 **un cambriolage** Einbruch - 19 **commettre** faire (qc de mal) - ▶

« Etrangers vivant en France » ou « immigrés » ?

FRANÇAIS 55,26 millions	Français de naissance :	52,90	millions
	Français par acquisition* nés en France :	0,80	million
	Français par acquisition nés hors de France :	1,56	million
ETRANGERS 3,26 millions	Etrangers nés hors de France :	2,75	millions
	Etrangers nés en France :	0,51	million

IMMIGRES 4,31 millions (Français par acquisition nés hors de France + Etrangers nés hors de France)

(Chiffres de 1999 ; source : INSEE)

* **l'acquisition** *f* le fait de prendre ou de recevoir qc

Origine des étrangers vivant en France :

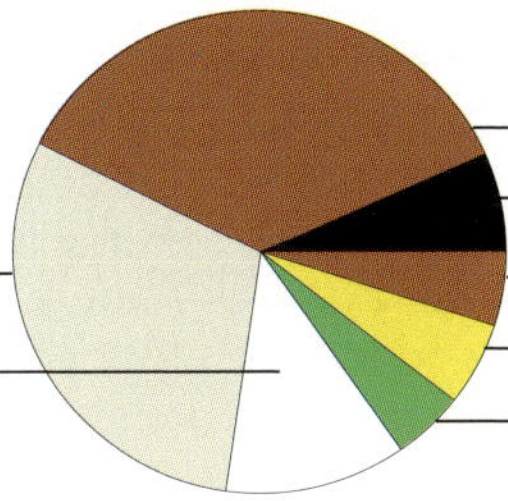

Espagne, Italie, Portugal 30,2 %
autres pays d'Europe (22) 12,1 %
35,7 % Algérie, Maroc, Tunisie
6,7 % autres pays d'Afrique (22)
5,1 % Turquie
5,4 % autres pays d'Asie (13)
4,8 % reste du monde

(Chiffres de 1997, d'après Le Quid *2000)*

Autour du texte

1 a) Dites ce que sont les *gens de passage* (L. 42-43).
b) A l'aide du contexte, dites ce que signifient les mots suivants (ou remplacez-les par un synonyme) : *se faire à qc* (L. 5), *un fantasme* (L. 36), *c'est cuit* (L. 51).

2 a) Relevez dans le texte tout ce dont se plaignent les Tarasconnais (faites une liste).
b) Comparez votre liste à la réalité présentée par le magistrat (L. 36-43). Que constatez-vous ?
c) Expliquez comment « fonctionne » l'effet pervers mentionné par le magistrat à la L. 37.

3 Dites en quelques mots de quoi se plaignent a) Saïd ; b) Ali ; c) Rachid.

4 Pourquoi Hakim en a-t-il *« marre d'entendre parler d'intégration »* (L. 54-55) ? Quel est le vrai problème, d'après lui ?

5 D'après Hadj Meknessi, en quoi la religion musulmane peut-elle être une solution aux problèmes d'intégration ? Que pensez-vous de cette position ?

Au-delà du texte

- *Analysez les statistiques.*
  a) Expliquez le plus simplement possible en quoi consiste la différence entre un « étranger » et un « immigré ».
  b) En quoi cette différence est-elle importante quand on discute du problème de l'immigration ?
  c) Dites pourquoi la plupart des étrangers viennent de l'Europe « latine » ou du Maghreb.
- *Commentez les résultats du sondage (p. 60).*
  a) Quelle conclusion peut-on tirer des réponses des étrangers à la deuxième question ?
  b) Comment expliquer que les Français d'origine étrangère répondent plus souvent « oui » à la première question que les étrangers ?
- *Projet* – Etrangers et immigrés en France et en Allemagne.
  a) Recherchez des statistiques et autres informations sur la situation des étrangers et des immigrés en Allemagne (si vous le pouvez, utilisez l'internet). Comparez la situation en France et en Allemagne.
  b) Renseignez-vous sur le droit du sol *(jus soli)* et sur le droit du sang *(jus sanguinis)*. Expliquez le plus simplement possible comment on peut devenir Français ou Allemand « par acquisition ».

---

20 **un,e beur** qn né en France de parents maghrébins - 21 **un Rmiste** [ɛʀɛmist] *etwa:* Sozialhilfeempfänger - 22 **le faciès** le visage - 23 **le patronyme** le nom de famille - 24 **issu,e de** qui vient de - 25 **cesser** arrêter - 26 **la gueule** *pop* le visage - 27 **convaincre** überzeugen - 28 **un préjugé** Vorurteil - 29 **une victime** Opfer - 30 **les DOM-TOM** les départements et territoires d'*outre-mer* (Übersee).

4 Les casseurs mettent la pression

Avant de commencer

Décrivez le dessin de Plantu, sur la page de droite. Comment trouvez-vous la situation représentée ? D'après vous, d'où pourrait venir cette « envie de brûler une voiture » ?

Les violences ont augmenté un peu partout dans les grandes villes françaises, ces dernières années. Et leurs auteurs sont de plus en plus jeunes …

« Grandruss » a dix-sept ans. Il habite à Saint-Pierre-des-Corps, près de Tours. Ne travaille pas, ne va plus à l'école. Et appartient aux groupes de jeunes qui, depuis une semaine, font chaque soir brûler des véhicules[1] dans l'agglomération[2] de Tours. Ses copains font « ça » tous les soirs. Pourquoi ? « *Pour faire monter la pression* », dit l'un. « *Pour qu'on s'occupe de nous* », dit un autre. « *L'un de nous a pris une balle dans la tête la semaine dernière. Les flics ont voulu nous faire croire à un suicide*[3]. *La justice et la police, maintenant, c'est nous* », ajoute-t-il, faisant allusion[4] à Mohamed Boucetta, qu'il connaissait bien et qui est toujours dans le coma.
Depuis lors[5], et malgré l'appel au calme lancé par le père de la victime, chaque soir, des bandes incendient[6] des voitures en stationnement. Au total, 33 véhicules ont été entièrement détruits, 18 partiellement ...
Dans les quartiers, la tension[7] monte. « *Chaque soir, on se demande si on va retrouver notre voiture le lendemain* », dit Valérie, vingt-neuf ans. Comme beaucoup, Valérie a « la pétoche[8] ». Elle en veut[9] à ces casseurs qui s'en prennent aux plus démunis[10]. « *La crise, le chômage, ça avive*[11] *les tensions, d'accord. Mais pourquoi brûler nos voitures ?*». Philippe, trente-cinq ans, enseignant, se veut compréhensif : « *Comment voulez-vous que ces jeunes respectent les normes d'une société qui les rejette*[12] *?*» Mais il ajoute : « *Je deviens de plus en plus intolérant face à ces comportements primitifs. Cela ne résout*[13] *rien, au contraire. Le racisme monte, de part et d'autre.* » Le racisme, tout le monde s'en plaint. Les jeunes, surtout, qui évoquent[14] les contrôles au faciès et les « sale Arabe !» qui se banalisent[15].
Pour la majorité[16] des habitants, si l'agression de Mohamed Boucetta a pu servir de détonateur[17], elle n'est plus aujourd'hui qu'un prétexte[18]. Cette violence, selon eux, pourrait être l'œuvre des dealers que cette affaire aurait dérangés. Les rumeurs[19] vont bon train[20].
Les deux compagnies de CRS[21], qui patrouillent depuis quatre jours toutes les nuits, ne sont pas parvenues[22] à mettre fin aux incendies. Mais 29 personnes ont été interpellées[23]. Les interpellés, précise le préfet, ont entre dix-sept et vingt-cinq ans, et leurs origines sont « bien partagées ».
Maire de Saint-Pierre-des-Corps, Marie-France Beaufils se réjouit de la présence, lors d'un débat organisé la veille par le Parti communiste, de nombreux pères de famille et de jeunes. Un débat où les problèmes de l'insécurité, du chômage et du mal-vivre occupaient le devant. Et auquel ont participé plus de 250 personnes. « *Le dialogue est essentiel*, dit-elle, *mais nos quartiers ont besoin de davantage*[24] *de moyens pour vivre mieux.* » Et elle rappelle aussi que la municipalité réclame, depuis des années, l'implantation[25] d'un commissariat.

Elisabeth Fleury, *L'Humanité*, 7 novembre 1996 (texte abrégé).

la pression Druck - 1 **un véhicule** *ici:* une auto - 2 **une agglomération** une ville et sa banlieue - 3 **un suicide** Selbstmord - 4 **une allusion** Anspielung - 5 **depuis lors** depuis ce temps-là - 6 **incendier** brûler - 7 **la tension** Spannung - 8 **la pétoche** *fam* la peur - 9 **en vouloir à qn** auf jdn sauer sein - 10 **démuni,e** pauvre - 11 **aviver** rendre plus vif, plus intensif - 12 **rejeter** *ici:* ≠ accepter (→ jeter) - 13 **résoudre (un problème)** trouver une solution à - 14 **évoquer qc** parler de qc - 15 **se banaliser** devenir très courant - 16 **la majorité** *ici:* la plus grande partie - 17 **un détonateur** Auslöser - 18 **un prétexte** Vorwand - 19 **une rumeur** Gerücht - 20 **aller bon train** aller vite - 21 **les CRS** les gendarmes - 22 **parvenir à** *ici:* réussir à - 23 **interpeller** *ici:* vorläufig festnehmen - 24 **davantage (de)** plus (de) - 25 **l'implantation** *f* l'installation. *Case-info:* 26 **une enquête** Untersuchung - 27 **le CNRS** Centre national de la recherche scientifique - 28 **un,e récidiviste** Wiederholungstäter.

Autour du texte

1 D'après cet article de *l'Humanité,* que se passe-t-il dans l'agglomération de Tours depuis plusieurs jours ? Qu'est-ce qui est à l'origine directe de cette situation ?
2 Qu'apprend-on sur Grandruss ? Après la lecture de la case-info, dites pourquoi on peut le considérer comme un jeune délinquant « typique ».
3 *« La justice, c'est nous »,* dit l'un des copains de Grandruss (L. 11-12). Que pensez-vous de la « justice » qu'il pratique ?
4 Comment Valérie et Philippe (L. 20-33) réagissent-ils face aux incendies de voitures ? Comparez leurs réactions.
5 A votre avis, pourquoi les CRS n'arrivent-ils pas à stopper les incendies ?
6 a) Pourquoi le dialogue est-il « essentiel », comme le dit Marie-France Beaufils (L. 56) ?
b) Pourquoi n'est-il cependant pas *suffisant* ? Quels autres moyens semblent également nécessaires ?

– En 1999, sur 800 000 personnes mises en cause pour crimes et délits, 170 000 (21 %) étaient des jeunes de moins de 18 ans.
– Une enquête[26] du CNRS[27] rendue publique en 2000 montre que 50 % des délits commis par les jeunes délinquants sont l'œuvre d'une petite minorité de récidivistes[28] (5 %) venant pour la plupart de familles défavorisées.
– Au cours de l'année scolaire 1998/99, 20 000 agressions graves ont été signalées dans les établissements scolaires, dont 13,5 % de violences physiques.

Sources : Ministère de l'Intérieur, CNRS.

Au-delà du texte

- *Discussion* – Choisissez l'un des sujets suivants :
  a) La casse est-elle un « bon » moyen pour obliger les responsables politiques à s'occuper des jeunes, comme le dit un copain de Grandruss ? Quelles alternatives les jeunes ont-ils, d'après vous ?
  b) A votre avis, qui porte la plus grande part de responsabilité dans les violences comme celles de Tours ? Les jeunes eux-mêmes ? les parents ? la police ? les hommes politiques ? l'école ? qui d'autre ?
- *Internet* – Branchez-vous sur http://www.imaginet.fr/imaginet/cites/presse.html et recherchez dans les sites des différents journaux et magazines français des articles d'actualité sur la violence dans les banlieues. Faites ensuite une petite revue de presse sur ce sujet.

Stratégies Le résumé

A quoi ça sert ?

Le résumé consiste à transformer un texte long en un texte beaucoup plus court (1/3 du texte original). Cela sert principalement à montrer 1) que vous avez bien *compris* le sens du texte et reconnu sa structure (c'est-à-dire l'enchaînement des idées) ; 2) que vous pouvez vous *exprimer* clairement avec vos propres mots mais en respectant le sens et la structure du texte original.

Comment s'y prendre ?

Lecture de l'original :

a) Lisez le texte une première fois sans vous arrêter aux détails et retrouvez l' **idée générale**.
b) Lisez-le ensuite paragraphe par paragraphe et relevez les **informations principales** contenues dans chaque paragraphe. Notez ou soulignez les **mots-clés.**
c) Repérez les « mots-charnières », qui aident à comprendre l'enchaînement des idées.

Rédaction du résumé :

1 Dans votre **introduction**, reprenez l'idée générale du texte. (On peut aussi mentionner le nom de l' auteur et le titre de l'article ou du livre dont le texte est extrait.)
2 Suivez l' **ordre** des idées du texte original (ne gardez que les idées importantes).*
3 Employez vos **propres mots** (p. ex., remplacez les mots-clés par des synonymes), choisissez un style *neutre, simple* et *clair*. Et surtout : *Soyez bref !*
4 Ecrivez à la **3ème personne** et utilisez le **présent** (même quand le texte original est au passé).
5 Reliez vos phrases avec des conjonctions ou autres « **mots-charnières** » *(voir page 112).*

* Pour faire un « résumé structuré », il faut en plus mentionner les parties du texte qui contiennent les différentes idées de l'auteur *(voir, page suivante, « les mots pour le dire »).*

A vous !

1 (Re)Lisez le texte « Les casseurs mettent la pression », p. 62, et formulez en une ou deux phrases l'idée générale du texte.
2 Relevez les mots-clés de chaque paragraphe.
3 Reformulez le contenu de chaque paragraphe avec vos propres mots, en une ou deux phrases au maximum.
4 Résumez de manière « neutre » (en évitant les mots familiers et le style direct) les opinions exprimées aux lignes
   a) 9-12 *(« L'un de nous … c'est nous.»).*
   b) 30-33 *(« Je deviens … de part et d'autre. »).*
5 Exprimez de manière plus courte et plus simple (et au présent) le contenu du dernier paragraphe.
6 Faites le résumé complet du texte. (N'oubliez pas les « mots-charnières » pour relier les parties de votre texte – *voir page suivante ainsi que les conseils « Bien rédiger vos textes », page 112.)*

Evitez …

- de *copier* des parties du texte ;
- d'utiliser des *citations* (et le style direct) ;
- le *style indirect* (« L'auteur dit que ...») ;
- de faire des *commentaires* ;
- de reproduire les mots rares, les exemples, les expressions imagées* ou humoristiques.

   * *Les expressions imagées et les exemples ne doivent pas être reproduits dans le résumé mais ils servent souvent à préciser une idée : c'est utile à la compréhension !*

Les mots pour le dire

Le texte, | tiré / extrait | de ... , | traite / parle | de ...
| intitulé « ... », |
| écrit en ... par ..., |

Dans ce texte,
- il est question de ...
- l'auteur | raconte / explique | pourquoi ... / comment ...
  - aborde le problème de ...
  - défend l'idée selon laquelle ...

Tout d'abord, ...
Pour commencer, ...
Au début du texte, ...
En premier lieu, ...

Dans la | première / ...-ième / dernière | partie, ...

Dans un | premier / ...-ième / dernier | temps, ...

Puis, / Ensuite, / Par la suite, / Enfin, ...

Pour | conclure, ... / terminer, ... / finir, ...

Le texte | se termine par ... / s'achève sur ...

(voir aussi la liste de la p. 112)

5 L'assassin ne connaissait que la violence

Avant de commencer

1 Faites un « filet de mots » autour du mot *violence (voir les conseils donnés à la page 109) – ou* rassemblez toutes les *formes* de violence que vous connaissez, puis classez-les des moins graves aux plus graves.
2 D'après vous, d'où vient la violence des jeunes ? Comment expliquez-vous que cette violence augmente beaucoup ces dernières années ?

Bouffémont (Val d'Oise), janvier 1999 : **Stéphane, 22 ans, est tué d'un coup de couteau dans la gorge parce qu'il voulait s'interposer[1] entre deux bandes de jeunes qui allaient se battre.**

Grenoble (Isère), décembre 2000 : **Pour une affaire de cannabis, le jeune Sofiane, 15 ans, est poignardé[2] par deux jeunes de 17 ans.**

Ronchin (Nord), juin 2000 : **Christopher, 12 ans, est poignardé par un jeune de 13 ans parce qu'il avait « insulté[3] » la mère de ce dernier.**

Evry (Essonne), novembre 2000 : **Romuald, 14 ans, est tué d'une balle dans le poumon[4] pour venger[5] l'« honneur » d'une bande. Ses meurtriers[6] sont âgés de 13 et 17 ans.**

Nicolas Bourgat a été tué le 9 septembre 1996 à Marseille, poignardé par un garçon de son âge. Il avait 15 ans. Depuis, son père, Michel*, fait le tour des lycées et collèges pour *« convaincre les jeunes de tourner le dos à la violence. »* *« Pour les jeunes, il n'est pas normal que je ne me sois pas vengé,* témoigne-t-il. *On tue mon fils et je ne descends pas dans la rue avec une kalachnikov pour tuer les Arabes ? C'est incompréhensible[7] pour eux. Alors je leur explique la différence entre la haine[8] et la colère[9].*
Si j'étais resté dans la haine, j'aurais peut-être développé un cancer[10] ou causé d'autres morts. Alors qu'en honorant[11] la mémoire de mon fils, j'ai développé une énergie énorme et j'ai continué à faire vivre ma femme et ma fille. Les minots[12] qui se parlent d'emblée[13] avec des insultes et qui, dans la cour de récré, tabassent[14] quelqu'un sans raison, grandissent dans un monde de violence », note ce médecin généraliste, qui est aussi moniteur[15] de sports de combat[16].
« L'assassin de mon fils ne connaissait que la violence, depuis sa naissance. Son seul moyen de résister était d'en distribuer à son tour. Aux jeunes, je ne dis pas que ce n'est pas bien de taper un copain qui leur a parlé mal. On ne peut pas traiter[17] la violence en la niant[18]. Mais je les incite[19] à canaliser leur violence afin qu'ils puissent l'utiliser de manière positive. Le plus important, c'est de communiquer et d'avoir un projet de vie. » (1)

En 1999, selon la PJJ (Protection judiciaire de la jeunesse), 21 % des délinquants avaient moins de 21 ans et la moitié de ces jeunes délinquants avait moins de 16 ans.
D'après un rapport remis au Ministre de la ville en novembre 2000, 48 % des jeunes identifiés comme délinquants ont été victimes de violences physiques avant de devenir eux-mêmes violents.

Les violences de jeunes ont considérablement augmenté ces dernières années. Elles sont souvent liées à des règlements de comptes[20] économiques (trafics en tout genre). Mais il y a aussi une violence liée à une absence de communication. Soit on échange des biens, soit on échange de la violence. (2)

1 Propos recueillis par Catherine Stern pour *Phosphore,* mai 2000 (* Michel Bourgat est le président de la Fédération pour l'aide et le soutien aux victimes de violences.)
2 Hugues Lagrange, sociologue, cité dans *Télérama,* 31 mai 2000.

un assassin qn qui a tué une personne - 1 **s'interposer** *ici:* vermitteln - 2 **poignarder qn** tuer ou blesser qn avec un couteau - 3 **insulter qn** jdn beleidigen (→ une insulte) - 4 **le poumon** Lunge - 5 **venger** rächen - 6 **un meurtrier** un assassin - 7 **incompréhensible** qu'on ne peut pas comprendre - 8 **la haine** ≠ l'amour - 9 **la colère** Ärger, Wut - 10 **le cancer** Krebs - 11 **honorer** würdigen (→ l'honneur) - 12 **un minot** *fam* un enfant - 13 **d'emblée** tout de suite - 14 **tabasser** *fam* frapper - 15 **un moniteur** Gruppenleiter, Trainer - 16 **un combat** une lutte (→ se battre) - 17 **traiter qc** s'occuper de qc - 18 **nier** verneinen - 19 **inciter qn (à faire qc)** jdn ermutigen (etw. zu tun) - 20 **un règlement de comptes** Vergeltungsakt.

Autour des textes

1 a) Pour chacun des quatre faits divers, répondez aux questions : *Qui* fait *quoi, à qui* et *pourquoi ?* Que peut-on constater ?
b) Comment le sociologue Hugues Lagrange explique-t-il la violence des jeunes (2ème case-info) ?

2 a) Dans le texte principal, qu'apprend-on sur Michel Bourgat ?
b) De quelle manière agit-il contre la violence ? Quel est son « message » ? Qu'en pensez-vous ?
c) En quoi son action est-elle une « réponse » aux explications de Hugues Lagrange ?

3 Comment les jeunes à qui le père de Nicolas s'adresse réagissent-ils ? Pourquoi ?

4 Mettez-vous à la place de Michel Bourgat pour expliquer le plus simplement possible « *la différence entre la haine et la colère* » (L. 10-11). Choisissez des exemples concrets pour illustrer votre explication.

5 Michel Bourgat demande aux jeunes de « *canaliser leur violence pour l'utiliser de manière positive* » (L. 27-29). Concrètement, que pourraient-ils faire pour cela ?

Au-delà des textes

- *Discussion* – Pratiquer un sport de combat (comme le fait Michel Bourgat) est-il un bon ou un mauvais moyen, pour les jeunes, pour être moins violents ? Discutez le pour et le contre. D'autres sports seraient-ils préférables ?

- *Commenter l'affiche* – Regardez l'affiche du Secours populaire, ci-dessous. Quelle est votre première impression ?
  a) Expliquez le slogan et dites dans quel but le Secours populaire a produit cette affiche.
  b) Le texte de l'affiche dit, entre autres, « *Nous réagissons, nous agissons* ». A votre avis, contre qui ou quoi le Secours populaire veut-il *réagir* ? Comment peut-il *agir* ?

- *Commentaire* – « *La violence, c'est la faute aux médias et aux jeux vidéo !* » C'est ce que pensent beaucoup de personnes et aussi certains sociologues. Prenez position en tenant compte de votre expérience personnelle. *(Voir les conseils donnés aux pages 50-52.)*

- *Projet* – En réaction à l'assassinat de Stéphane (1er fait divers), un groupe de jeunes de Bouffémont et de la région a rédigé en 1999 un manifeste qui est paru dans toute la presse française : « *Stop la violence ! Le manifeste* ».
  a) Retrouvez le texte original du manifeste (par exemple sur les sites internet suivants : http://www.novaplanet.com/html/novamag/html/manif/html/manif.html ou http://www.momes.net/Journal/actualites/stoplaviolence.html ou http://www.multimania.com/duny/violence.htm).
  b) En groupes et à l'aide de vos dictionnaires, traduisez en allemand le texte du manifeste.
  c) A partir de vos textes allemands et de quelques dessins, photos ou collages, faites plusieurs grandes affiches que vous mettrez sur les murs de votre école.

6 Homo sapiens labore carens

Extrait de
La débauche,
de Jacques Tardi (dessins)
et Daniel Pennac (texte).

Putain *pop, ici: exclamation qui exprime la surprise* - **faire pitié** Mitleid erregen - **un mec, un gars** *fam* un garçon - **c'est la meilleure !** *etwa:* Das ist ein Ding! - **atroce** horrible - **la simplicité** → simple.

Autour de la BD

1 Dites en quelques mots de quoi il est question dans cet extrait de BD.
2 a) Décrivez l'homme qui est dans la cage.
b) Quelles informations le panneau placé sur la cage donne-t-il à son sujet ?
3 Quelles sont les différentes réactions des gens qui le regardent ? (Voyez l'expression des visages et les bulles.)
4 a) Que se passe-t-il sur le dernier dessin ?
b) Le style de la journaliste et l'expression de son visage sont-elles en harmonie avec la situation représentée ?
5 a) Inventez toutes sortes de raisons qui *pourraient* expliquer pourquoi l'homme est enfermé.
b) Comment la BD pourrait-elle continuer ? Inventez une suite ! (Vous pouvez travailler en groupes).

● *Ecriture* – Réécrivez cette scène (au choix) :
a) sous forme de narration (utilisez le présent et choisissez une langue et une perspective « neutres ») ;
b) au style indirect et au passé (le soir, la femme blonde à la cigarette raconte à son mari ce qu'elle a vu au zoo) ;
c) sous forme d'un fait divers très court pour la radio ou pour le journal local.

7 D'une galère à l'autre

Avant de commencer

1 Une fois le bac en poche, qu'est-ce que vous aimeriez faire plus tard ? Dites pourquoi.
2 Que feriez-vous si, demain, pour une raison ou une autre, vous deviez quitter l'école sans diplôme et gagner vous-même votre vie ?
3 Connaissez-vous quelqu'un qui est au chômage (dans votre famille, chez vos voisins ou vos amis, p. ex.) ? Dites comment cette personne fait face à sa situation.

Petits boulots, travail au noir, il a tout connu. Dans sa vie, tout est bidon[1]. Même son CV[2] … Il préfère rester anonyme : Appelons-le Sébastien. Sébastien a 20 ans. Et derrière lui sept ou huit emplois, des sales boulots, des jobs sans lendemain ou du travail au noir. Scénario classique : un divorce de ses parents mal vécu, une enfance instable, un blocage sur l'école dès la 6e … Sébastien quitte le système scolaire en 3e, sans diplôme. A 17 ans, il se retrouve à Rungis[3] à décharger des conteneurs dans un frigo[4] de 800 mètres carrés, entouré d'alcooliques qui racontaient des histoires sales toute la journée. Il se souvient de tout : après un stage[5] raté dans une pharmacie, il travaille au noir dans un restaurant, jusqu'au jour où il n'en peut plus. Après, il s'inscrit dans une école d'art graphique. « *Le dessin me plaisait,* explique-t-il. *Je voulais essayer d'en faire mon métier, mais le niveau était trop élevé pour moi, je n'ai pas passé le premier trimestre.* » Nouvel échec[6]. Il peint chez lui des T-shirts qu'il revend dans la rue. Sa mère l'aide. Puis un ami lui trouve un emploi dans une société de vidéo-projection : il monte et démonte des écrans[7] dans des salons[8], pour des spectacles. Parfois seize ou dix-huit heures pour un forfait[9] de 400 francs. Au noir. « *C'était dangereux et le patron refusait de nous payer, j'ai arrêté.* » Il essaie l'intérim[10]. Pendant trois mois, il vide des archives dans des sous-sols de grosses entreprises. Sébastien n'a rien d'un athlète et il ne supporte plus ces boulots qui le crèvent[11]. Son moral[12] est au plus bas : « *Je ne croyais plus à rien,* dit-il. *Je me sentais totalement inutile. Depuis la 6*[e]*, tout était noir, tout le temps. J'étais enfermé et personne ne remarquait que ça n'allait pas. Mais je dessinais un peu. Cela m'a beaucoup aidé. Sinon, ça aurait très mal fini.* » En décembre 1989, son beau-père lui propose de travailler dans une des ses librairies[13] : il gagne le SMIC[14]. Mais, pour une fois, le boulot lui plaît vraiment. Pas de chance, le magasin dépose son bilan[15]. Alors, avec un faux CV, il se fait embaucher dans un grand magasin. Parallèlement, il suit une formation de dessin. « *Maintenant, j'ai quelque chose qui me motive, je peux faire l'effort de rester, même si ça commence à me prendre la tête*[16], avoue-t-il. *Toutes ces années de galère m'ont laissé une sorte de rancune*[17]. *Mais j'ai toujours eu la force d'éviter la drogue et la délinquance.* » Sébastien pense que le pire est derrière lui.

Autour du texte

1 *Faites le résumé du texte.*
   a) Formulez en une phrase l'idée générale du texte.
   b) Relevez les informations principales et les mots-clés contenus dans chaque paragraphe.
   c) Reformulez, de manière plus simple et avec vos propres mots, les passages suivants : L. 6-10 ; L. 31-32.
   d) Résumez, à la 3ème personne du singulier et au présent, les quatre déclarations de Sébastien (L. 18-21, 27-28, 33-38, 45-51).
   e) Faites un résumé complet en suivant tous les conseils donnés aux pages 64-65.
2 a) Qu'est-ce que Sébastien attend de la vie ?
   b) Croyez-vous qu'il va réussir ? Dites pourquoi.

sondage : les jeunes de 15 ans et leur avenir

*Réussir sa vie professionnelle, pour vous, c'est...**

avoir un emploi stable	**56 %**
réaliser une passion	42 %
être son propre patron	25 %
avoir un emploi qui laisse du temps libre	23 %
faire toute sa carrière dans la même entreprise	8 %
accomplir[18] des choses difficiles	7 %
être célèbre	6 %
travailler sans effort[19]	3 %

* *total supérieur à 100 % en raison des réponses multiples*

L'Express, 23 octobre 1997

Au-delà du texte

- *Sondage* – Répondez vous-mêmes à la question posée dans le sondage de *l'Express.* Faites ensuite la moyenne de votre classe (en %) et comparez ce résultat aux réponses des jeunes Français. Comment expliquez-vous les différences et / ou les ressemblances ?
- *Discussion* – Choisissez un des sujets suivants :
  a) Qu'est-ce que l'école pourrait faire pour que les jeunes soient mieux intégrés dans le monde de l'emploi ?
  b) Faire des études, est-ce que ça sert encore à bien se protéger contre le chômage ?
- *Compréhension orale (voir les pages « stratégies », p. 110-111)* – Ecoutez la chanson *Madame X,* de Francis Cabrel (sur le CD qui accompagne ce livre), sans essayer de tout comprendre tout de suite.
  Après la première audition : Est-ce que vous avez aimé cette chanson ?
  Quels sentiments est-ce que la musique traduit ? (joie, tristesse, agression, mélancolie ?)
  Qui est la personne principale de cette chanson ? Qu'apprend-on sur elle ?
  Auditions suivantes : Dites si les affirmations suivantes sont vraies ou fausses :
  a) Madame X couche dehors. b) Elle n'a pas de chauffage. c) Elle a encore l'air jeune.
  d) Elle se plaint de sa situation. e) Elle plaint ceux qui sont plus malheureux qu'elle. f) Elle veut mourir.
  A votre avis, pourquoi Cabrel appelle-t-il cette femme *Madame X* (au lieu de lui donner un nom propre) ? Quel est le « message » de cette chanson ?

◀ *Le Nouvel Observateur,* 29 septembre 1990 (texte abrégé).

une galère *ici: fam* une situation difficile à vivre - 1 **bidon** *fam* faux - 2 **un CV** [seve] un curriculum vitae (Lebenslauf) - 3 **Rungis** [Rɛ̃ʒis] une ville de la banlieue de Paris - 4 **un frigo** *fam ici:* Kühlhaus - 5 **un stage** Praktikum - 6 **un échec** ≠ un succès - 7 **un écran** Bildschirm - 8 **un salon** *ici:* une exposition ou foire commerciale - 9 **un forfait** Pauschale - 10 **un intérim** Vertretungstätigkeit - 11 **crever (qn)** *fam* fatiguer - 12 **le moral** Grundstimmung - 13 **une librairie** un magasin où on vend des livres - 14 **le SMIC** le salaire minimum garanti par l'Etat - 15 **déposer son bilan** Konkurs anmelden - 16 **ça me prend la tête** *fam* ça m'énerve - 17 **la rancune** Groll. *Sondage:* 18 **accomplir** faire, réaliser - 19 **un effort** Mühe, Bemühung.

8 Sans domicile fixe

Avant de commencer

a) Est-ce qu'il y a des clochards ou des mendiants *(Bettler)* dans votre ville ? Comment réagissez-vous quand vous en rencontrez ? Pourquoi ?
b) D'après vous, pourquoi est-ce que ces gens sont devenus clochards ou mendiants ?
c) A votre avis, à quel genre de problèmes ces personnes sont-elles confrontées tous les jours ? Est-il possible de les aider ?

1 Aider les SDF[1], c'est urgent !

D'après Xavier Emmanuelli, médecin et co-fondateur de l'organisation Médecins sans Frontières, *chacun peut et doit agir à son niveau et faire ce dont il est capable pour aider ceux qui en ont vraiment besoin :*

« Les exclus[2] sont des gens seuls, tout seuls. À Paris, ils sont nombreux. Ce sont des gens en difficulté qui n'ont pas de travail, pas de logement, mais surtout qui sont sans famille, sans amis, sans personne …
Il y a de plus en plus d'exclus. Des jeunes, des étrangers, des vieux, de jeunes adultes sans espérance, des personnes sans papiers, des femmes, des mères avec leurs enfants. On ne les voit plus. On ne les regarde plus.
Le Samu[3] social va à la rencontre de tous ces gens. Aujourd'hui, quarante villes de France ont des Samu sociaux. À Paris, le Samu social existe depuis 1993. Nous avons huit équipes de nuit et une équipe de jour. 24 heures sur 24, nos véhicules circulent dans Paris. Chaque équipe comprend[4] une infirmière, un travailleur social et un chauffeur. Nous nous adressons aux gens dans la rue, nous essayons de trouver une solution d'urgence : aller dans un centre de soins[5], leur trouver une place dans un centre d'hébergement[6]. Quand ils sont hébergés, nous les mettons en contact avec des assistantes sociales pour qu'ils retrouvent des papiers, un endroit où aller.
Dehors, personne ne regarde les exclus. Ils sont moches, ils puent[7]. Alors, on les évite. Et eux, à force de[8] ne plus être regardés, ils ne se regardent

plus eux-mêmes. Ils ne s'occupent plus de leur corps, ne font plus attention à leurs blessures[9], à leurs maladies. Certains se cachent même. À ce moment-là, ça devient extrêmement compliqué de créer des liens[10] avec eux. C'est pour cela que chacun de nous doit faire un effort. Il faut leur sourire. Essayer de leur parler. Et téléphoner quand ils nous paraissent en difficulté.
Le Samu social, c'est le 115. Les pompiers, le 18. La police, le 17. Et le Samu médical, le 15. Vous devez connaître ces numéros et être capables de les composer[11] d'une cabine téléphonique en cas d'urgence. Chacun doit s'efforcer[12] d'agir face à cette situation insupportable qu'est l'exclusion. »

2 Philippe ou la spirale de la honte

Il y a deux ans encore, Philippe gagnait très bien sa vie dans l'import-export. Il habitait un pavillon[13] de la banlieue parisienne avec sa femme et ses deux enfants. Il a tout perdu. Très vite. Son emploi, sa maison, sa famille. Depuis, Philippe est sans domicile fixe. Son QG[14] : la gare Saint-Lazare. C'est là qu'il prend sa douche tous les jours, là qu'il retrouve ses copains, là qu'il dort. Quand il dort. Au mois de juin dernier, Philippe a passé trois semaines au centre d'accueil[15] Nicolas Flamel, dans le XIIIe arrondissement de Paris.
« Ils m'ont demandé ma carte d'identité et des renseignements pour me faire un dossier. Et puis ils m'ont envoyé prendre une douche. Obligatoire. Dans ce foyer[16], tu peux rester six mois si tu veux, mais si tu manques une seule journée, tu n'es plus admis[17] pendant un mois. Le soir, il faut être rentré à 17h30. On fouille[18] les sacs pour voir si tu n'as pas d'alcool ni de drogue. Puis on fait l'appel, par numéro. Je n'ai jamais été en prison, mais ça doit être comme ça. De 18 heures à 18h30, on dîne. Il y a des jours où c'est bien, d'autres où c'est dégueulasse[19]. C'est mieux que rien. Après, on peut regarder la télé. Moi, j'allais me coucher vers 20 heures. Je dormais dans une chambre de six. Les lits sont propres. Le matin, à 6 heures, on vient te réveiller. Petit déjeuner, et à 7h15, tout le monde dehors, qu'il pleuve, qu'il neige ou qu'il vente[20].
Un vendredi soir, j'en ai eu marre. Marre de me faire traiter[21] comme un chien par les types qui travaillent là. Marre de l'ambiance de fous. J'ai connu un gars qui passait son temps la tête dans son blouson. Il lui parlait comme s'il avait eu un bébé ou un petit chat. Un autre se prenait pour un oiseau et faisait cui-cui toute la journée. Je suis parti. »
Depuis, Philippe dort dans la rue, le métro ou les jardins publics. Les foyers, il n'y retournera jamais.
« La première fois que j'ai dormi là-bas, j'avais honte. Je ne pensais pas que je tomberais si bas. Aujourd'hui, j'ai envie de m'en sortir. Je voudrais avoir une maison, une famille. Une femme sérieuse près de moi pour me dire ce que je dois faire. Tout seul, j'ai peur de ne pas y arriver. »

1 Xavier Emmanuelli, cité dans *Okapi*, 1er février 2000;
2 *Macadam journal*, novembre 1993 (textes abrégés).

Autour des textes

1 a) D'après Xavier Emmanuelli (1er texte), qui sont les « exclus » et dans quelle situation se trouvent-ils ?
b) Comment expliquer qu'*« on ne les voit plus »* (L. 14-15) alors qu'il y en a de plus en plus ?
2 Dans le premier texte, qu'apprend-on sur le Samu social (son organisation, son action, etc.) ?
3 a) Quel est, pour Emmanuelli, le plus grand danger qui menace les exclus ?
b) Qu'est-ce qu'il faut faire pour les aider ? Et pourquoi est-ce important ?
4 a) Dans quelle situation Philippe (2ème texte) a-t-il vécu avant de devenir SDF ?
b) A votre avis, pourquoi a-t-il « très vite » perdu sa maison, puis sa famille ?
5 a) Décrivez la vie dans les foyers, telle qu'elle est présentée dans ce texte.
b) Pourquoi Philippe a-t-il quitté le foyer ? D'après vous, a-t-il eu raison de le faire ?
6 De quoi Philippe rêve-t-il ? Comment jugez-vous ses chances d'y arriver ? Justifiez votre opinion.

(Au-delà des textes : voir page suivante.)

1 **un SDF** qn qui est « sans domicile fixe », qui n'a pas de logement - 2 **exclu,e** ausgeschlossen - 3 **le Samu** le Service d'aide médicale d'urgence - 4 **comprendre** *ici:* bestehen aus - 5 **les soins** *m* → soigner - 6 **l'hébergement** *m* Unterbringung (→ héberger) - 7 **puer** *fam* sentir mauvais - 8 **à force de (faire qc)** durch wiederholtes (Tun) - 9 **une blessure** → blessé - 10 **un lien** *ici:* un contact - 11 **composer** *ici:* wählen - 12 **s'efforcer de** + *inf.* faire de gros efforts pour - 13 **un pavillon** une petite maison - 14 **le QG** [kyʒe] le quartier général - 15 **l'accueil** [akœj] *m* → accueillir - 16 **un foyer** Heim - 17 **admettre** accepter - 18 **fouiller** durchsuchen - 19 **dégueulasse** *pop* mauvais, sale - 20 **il vente** *vx* il fait du vent - 21 **traiter qn** jdn behandeln.

Au-delà des textes

- *Internet* – Visitez le site du Samu social de Paris, dirigé par Xavier Emmanuelli (http://www.samusocial-75.fr/).
  a) Retrouvez dans la « Charte du Samu social international » les grands principes qui sont à la base du travail de l'organisation.
  b) Retrouvez la « Maison dans le Jardin ». Dites ce que c'est et ce qu'on y fait.
  c) Dites quel est le rôle des assistants bénévoles du Samu social. Comment devient-on bénévole ?
- *Ecriture* – La photo et le slogan ci-dessous font partie d'une affiche du Secours populaire dont le but est d'aider les SDF. Rédigez pour cette affiche un « appel à la solidarité » de cinq à dix lignes.

9 Egalité hommes-femmes : encore un effort !

Avant de commencer

1 a) *Question aux filles :* Dans quels domaines pensez-vous avoir moins de droits ou de chances que les garçons ?
b) *Question aux garçons :* Dans quelles situations pensez-vous que les filles sont mieux traitées que les garçons ?
2 Notez tous les mots et expressions que vous associez à l'adjectif *féministe.*

Droits de la femme : une lente et difficile conquête[1]

1881 : enseignement primaire obligatoire pour les filles comme pour les garçons.
1945 : droit de vote pour les femmes.
1946 : principe de l'égalité absolue entre hommes et femmes inscrit[2] dans la Constitution.
1947 : première femme ministre.
1965 : droit d'avoir une activité professionnelle sans l'autorisation du mari.
1967 : contraception[3] autorisée.
1972 : principe « à travail égal, salaire égal ».
1975 : avortement[4] autorisé.
1980 : première femme à l'Académie française (Marguerite Yourcenar).
1991 : première femme Premier ministre (Edith Cresson).

Anne Réocreux, ingénieur

Un jeune ingénieur pénètre[5] dans son bureau, très sûr de lui. *« Pourriez-vous m'annoncer à M. Réocreux, je vous prie ? »* Malaise[6]. *« Pour lui, je ne pouvais être qu'une secrétaire,* raconte Anne Réocreux, alors ingénieur au ministère de l'Agriculture. *Je l'ai remis à sa place[7]. »*

Cette ingénieur agronome de 34 ans, mère d'un enfant, est actuellement chargée de mission[8] pour l'agriculture, l'environnement et l'eau auprès[9] du préfet de la région Corse après avoir occupé le même type de poste aux ministères de la Coopération, de l'Agriculture et de l'Environnement.

Féministe ? Anne Réocreux n'aime pas ce mot, à ses yeux agressif et désuet[10]. *« Je suis née libre : je n'ai pas eu à me libérer, le travail ayant été fait avant moi. »* Question de génération. Et elle ne supporte pas l'autoritarisme. *« Les femmes chefs de 40 à 50 ans jouent souvent les machos : des grandes gueules qui parlent fort et imposent leur opinion aux autres. Comme les hommes. »* (1)

Colette Giacometti, colonel de l'armée de l'air

Petite, brune, maquillée[11], sourire engageant[12], le colonel Colette Giacometti joue de son charme. Mais, comme elle le dit elle-même, elle n'est *« pas féministe : à compétences égales, choisir une femme simplement parce qu'elle est une femme serait pire que tout »*. Ça tombe bien, l'armée de

1 **une conquête** Eroberung - 2 **inscrire** écrire - 3 **la contraception** Empfängnisverhütung - 4 **un avortement** Schwangerschaftsabbruch - 5 **pénétrer** entrer - 6 **un malaise** Unbehagen - 7 **remettre qn à sa place** jdn zurechtweisen - 8 **(un,e) chargé,e de mission** Referent,in - 9 **auprès de qn** bei jdm - 10 **désuet, -ète** ≠ moderne - 11 **(se) maquiller** (sich) schminken - 12 **engageant,e** einladend -

l'air n'en est pas là non plus, avec 12 % seulement de sous-officiers féminins...
Première femme admise à l'Ecole de guerre aérienne en 1986, cette femme de 50 ans mère de deux enfants est parvenue au grade de colonel parce qu'elle partage[13] les valeurs de l'armée : *« L'armée, c'est avant tout un esprit de corps, le respect des autres et de la parole donnée. »* Elle trouve en fait « très agréable » de commander, d'avoir des responsabilités et de prendre des décisions. *« Un chef se doit d'être exemplaire »*, dit-elle. Ajoutant aussitôt[14] après : *« Une mère aussi, d'ailleurs. »* (2)

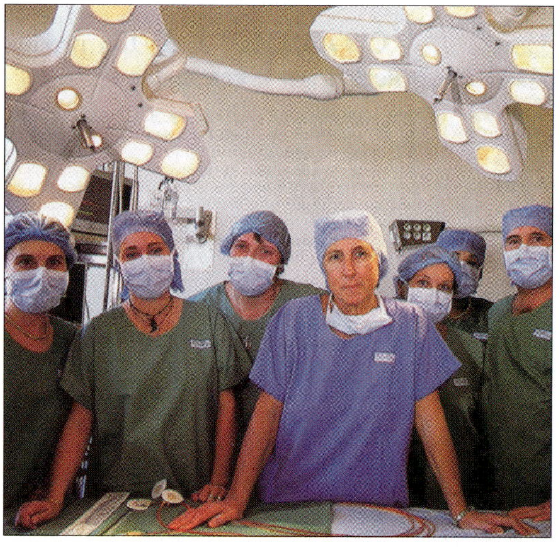

Francine Leca, chirurgienne
Première femme professeur agrégée[15] de médecine, Francine Leca dirige, à 59 ans, le service de chirurgie cardiaque[16] de l'hôpital Laennec, à Paris : 150 personnes, dont une quinzaine de médecins et internes[17]. Ça n'a pas été facile : *« On n'a pas le droit à l'erreur, dans ce métier. »* Mais le fait d'être une fille ne l'a ni aidée, ni handicapée[18] : *« J'ai simplement eu la chance de naître dans une famille bourgeoise où on laissait les enfants faire ce dont ils avaient envie. Je me suis accrochée[19], c'est tout. »*
Francine juge[20] que les femmes doivent s'investir[21] davantage en politique. *« Je suis favorable aux quotas, si c'est le seul moyen d'y parvenir. On a déjà fait de grands progrès : quand je pense que nous n'avions pas le droit de vote quand je suis née ! »* (3)

1 François Koch, 2 Vincent Olivier, 3 Gilbert Charles, tous trois dans *L'Express*, 9 octobre 1997 (textes abrégés)

La part des femmes aujourd'hui

- *Education* : 75 % des instituteurs et 56 % des professeurs du secondaire mais seulement 15 % des professeurs d'université ...
- *Santé* : 55 % des étudiants en médecine mais seulement 5 % des agrégés de médecine.
- *Sciences* : 36 % des étudiants en sciences, 10 % des directeurs de laboratoire au CNRS et 3 % des membres de l'Académie des sciences.
- *Economie* : 50 % des diplômés des grandes écoles de commerce, mais 0 % des PDG[22] des 200 premières entreprises françaises ...
- *Administration* : 53 % des effectifs[23] de la fonction publique[24] d'Etat mais seulement 3 % des préfets[25] et 2 % des ambassadeurs[26] ...
- *Politique* : seulement 10 % des députés, 6 % des sénateurs, 8 % des maires ...

(chiffres cités dans *L'Express* du 9 octobre 1997)

13 **partager qc avec qn** *ici:* avoir qc en commun avec qn - 14 **aussitôt** tout de suite - 15 **agrégé,e** *etwa:* mit hohem Universitätstitel - 16 **cardiaque** qui concerne le cœur - 17 **un,e interne** un étudiant en médecine travaillant à l'hôpital - 18 **handicaper qn** *ici:* benachteiligen - 19 **s'accrocher** *ici: fam* faire des efforts - 20 **juger** *ici:* penser - 21 **s'investir** s'engager - 22 **le PDG** le président-directeur général (le chef d'une grande entreprise) - 23 **les effectifs** *m* Belegschaft - 24 **la fonction publique** der öffentliche Dienst - 25 **un préfet** le plus haut représentant de l'Etat dans un département - 26 **un ambassadeur** Botschafter.

Autour des textes

1 Dites à quel cliché la rencontre entre Anne Réocreux et le jeune ingénieur (1er texte) correspond.
2 Qu'est-ce qu'Anne Réocreux reproche aux femmes chefs plus âgées ?
3 Expliquez pourquoi Colette Giacometti (2ème texte) ne semble pas avoir de problème pour combiner ses fonctions de colonel et de mère de famille.
4 Dites pourquoi Anne Réocreux et Colette Giacometti ne se considèrent pas comme « féministes ».
5 a) Quelle est la situation professionnelle de Francine Leca (3ème texte) ? Comment explique-t-elle sa réussite ?
b) Que conseille-t-elle aux autres femmes ? Pour quelles raisons, à votre avis ?
6 Après la lecture de la case-info « la part des femmes », dites en quoi la carrière des trois femmes présentées dans ces textes est exceptionnelle.

Au-delà des textes

- *Discussion* – Choisissez un des sujets suivants :
  a) A l'école, la séparation des élèves par sexes (au moins dans certaines matières, comme par exemple la physique et l'informatique) serait-elle un avantage ou un inconvénient en ce qui concerne l'égalité des chances ?
  b) *« A travail égal, salaire égal. »* Est-ce que ce principe est toujours respecté dans la pratique ? Si ce n'est pas le cas : S'agit-il d'une simple « méchanceté » des patrons (masculins) ou y a-t-il des raisons plus concrètes à l'origine de cette injustice ?
  c) A une époque où beaucoup de gens sont au chômage, certains pensent que les femmes devraient rester à la maison et s'occuper de leur famille. Que pensez-vous de cette « solution » ?
- *Commentaire* – « Choisir une femme simplement parce qu'elle est une femme serait pire que tout », affirme Colette Giacometti. Prenez position pour ou contre cette affirmation après avoir développé vos propres arguments. *(Voir les conseils donnés aux pages 50-52.)*
- *Projet* – En 1791, la révolutionnaire Olympe de Gouges a écrit une « Déclaration des Droits de la Femme et de la Citoyenne ». En groupe, rédigez les articles d'une « Déclaration des Droits de la Femme d'Aujourd'hui ».

Chapitre 4 POLITIQUE - Comprendre et agir

1 Votez pour nous !

Avant de commencer

Reconnaissez-vous les personnages représentés sur les photos de ces deux pages ?
Savez-vous à quels partis politiques ils appartiennent et quelles fonctions ils ont (ou ont déjà eues) ?

A - La France de demain doit être libre, forte et généreuse[1]. Un choix clair vous est offert : D'un côté, une société dominée par le libéralisme qui conduit inévitablement au règne[2] sans contrôle de l'argent. De l'autre, une société moderne, fidèle à ses valeurs[3] fondamentales, dans laquelle l'intérêt général est placé au-dessus de l'intérêt financier. Nous voulons remettre l'Homme au centre de l'économie. Nous voulons remettre la France en marche : en créant des emplois, en diminuant[4] la durée du travail. Nous voulons reconquérir[5] l'avenir : par la priorité à l'éducation, à la recherche, à la culture, à la santé, à l'environnement.

B - De plus en plus de chômage, d'immigration, d'insécurité, d'impôts[6], la corruption morale et politique, voilà le bilan désastreux de la droite, comme d'ailleurs, avant elle, de la gauche.
Notre parti qui, lui, ne vous a jamais menti ni trahi[7], vous propose un grand changement, tête haute et mains propres : le retour au plein emploi pour les Français, l'inversion[8] du courant de l'immigration, la baisse effective des impôts, le rétablissement[9] de l'ordre et de la sécurité, une justice rigoureuse pour les criminels et les corrompus[10].

1 **généreux, -euse** großzügig - 2 **le règne** Herrschaft - 3 **une valeur** Wert - 4 **diminuer** ≠ augmenter - 5 **reconquérir** → la conquête - 6 **un impôt** une taxe - 7 **trahir** verraten - 8 **une inversion** Umkehrung - 9 **le rétablissement** Wiederherstellung - 10 **(un,e) corrompu,e** → la corruption - 11 **engager** *ici:* concerner - 12 **la prospérité** la richesse (→ prospère) - 13 **une circonscription** Wahlkreis - 14 **un cadre** Rahmen; *ici:* Umfeld - 15 **appréhender** craindre -

Parti communiste français

C - Dimanche prochain, vous ferez un choix qui engagera[11] votre avenir. Je souhaite que ce choix nous permette de donner à la France le nouvel élan voulu par le président de la République, de retrouver le chemin de la prospérité[12].
J'entends, pour ma part, continuer le travail commencé ensemble pour le développement économique de notre région ; celui qui nous a permis de créer des entreprises et des emplois. J'entends faire de notre circonscription[13] une région prospère, bien équipée, au cadre[14] de vie agréable, qui donnera les meilleures chances d'avenir à nos enfants.

D - Comme vous, nous appréhendons[15] l'avenir pour nos enfants et sommes inquiets[16] de l'environnement que nous leur laisserons. Nous souhaitons que ces élections[17] permettent de construire une alternative politique :
où l'environnement sera au cœur des pratiques en milieu urbain[18] ou rural[19],
où l'Europe sera sociale, écologique, démocratique, et solidaire des pays du sud.

A-D: Extraits de tracts[20] électoraux[21] des candidats de quatre des plus grands partis pour les élections législatives[22] de 1997.

---

16 **inquiet, -ète** ≠ tranquille - 17 **une élection** Wahl - 18 **urbain,e** qui concerne la ville - 19 **rural,e** qui concerne la campagne - 20 **un tract** Flugblatt - 21 **électoral,e** den Wahlen betreffend (→ une élection) - 22 **législatif, -ive** *ici:* pour l'Assemblée nationale.

Autour des textes

1 A qui les quatre textes des pages 78-79 s'adressent-ils ? Dans quel but ?
2 Retrouvez le sens des mots *(voir les conseils donnés aux pages 10-11).*
a) A quels mots allemands les mots suivants vous font-ils penser ?
l'intérêt (texte A, L. 6), *le bilan* (texte B, L. 3), *désastreux* (texte B, L. 3), *rigoureuse* (texte B, L. 10), *solidaire* (texte D, L. 8).
b) A partir d'un mot de la même famille, indiquez le sens des mots suivants, tirés du texte A : *un choix* (L. 2), *inévitablement* (L. 3), *reconquérir* (L. 10).
3 a) Lequel des quatre tracts soutient le président de la République ? A quel parti correspond-il ?
b) Dites à quels partis les trois autres tracts correspondent.
4 a) Quelle alternative le texte A propose-t-il aux électeurs ?
b) Quelles mesures ce parti veut-il prendre ?
5 a) Quels sont, d'après le texte B, les principaux problèmes de la France ?
b) Comment le parti concerné propose-t-il de résoudre ces problèmes ?
c) A votre avis, quel genre d'électeurs ce parti cherche-t-il à toucher ?
6 Sur quoi le candidat du texte C met-il l'accent ? Que propose-t-il ?
7 Quelle est la priorité des auteurs du texte D ? A quoi le voit-on ?
8 a) Pour quel parti voteriez-vous ? Pourquoi ?
b) Quel est le tract qui vous plaît le moins ? Dites pourquoi.

Au-delà des textes

- *Internet* – A l'aide d'un moteur de recherche français (Yahoo-France, Voilà, Wanadoo, Nomade, Lokace, Excite, etc.), retrouvez les sites « officiels » des différents partis politiques. En groupes, choisissez un de ces partis, rassemblez les informations qui vous semblent les plus importantes puis présentez-les aux autres groupes.
- *Créativité* – Rédigez un texte court pour une affiche ou un tract électoral. Présentez plusieurs propositions que vous feriez si vous étiez vous-même candidat aux élections (pour un parti réel ou fictif).
(Pour bien rédiger un texte, voir les conseils donnés aux pages 112-114.)

Autour du graphique ▶ ▶ ▶

1 Qui a en France a) le pouvoir exécutif ? b) le pouvoir législatif ?
2 A votre avis, quel est le personnage ou l'organe politique le plus « important » de la République française ? Justifiez votre réponse.
3 D'après vous, dans quel cas le président de la République doit-il nommer un Premier ministre qui n'appartient pas à son parti ou à sa coalition (on parle alors de « cohabitation ») ?
4 Expliquez les principales différences entre l'organisation des pouvoirs en France et en Allemagne.

2 L'organisation des pouvoirs

① Le président de la République nomme le Premier ministre, qui forme le gouvernement.
② Le gouvernement est responsable devant l'Assemblée nationale.
③ Le président de la République peut dissoudre l'Assemblée nationale.
④ Le Sénat est élu indirectement.

un suffrage une élection, un vote - **dissoudre** auflösen.

3 Le jeu de la loi

Beaucoup de gens interviennent pour faire les lois ! Le gouvernement propose la plupart des lois : on appelle cela des *projets* de lois. Les députés aussi proposent des lois : ce sont des *propositions* de lois. Pour bien comprendre le chemin d'une loi, suivez le député Lucien Lailut. En route !

un député Abgeordneter - 1 **sinistre** très triste - 2 **planter** mettre (une plante) en terre - 2 **le blé** Weizen - 8 **une séance** une réunion (du parlement) - 8 **le gaspillage** le fait de dépenser trop d'argent -

Autour des dessins

1 Décrivez les trois premiers dessins : Où ont lieu les différentes scènes ?
Qui sont les personnages qu'on y voit et que font-ils ?
2 Retrouvez, sur les dessins 4 à 15, les différentes étapes qui mènent à la nouvelle loi.
3 Comment les citoyens peuvent-ils influencer la création ou le contenu d'une loi ?
(Voir aussi le graphique de la page 81.)

4 **tendre à** + *inf.* avoir pour but de - 5 **une pile** *ici:* Stapel - 6 **urgent, e** dringend - 14 **adopter** *ici:* verabschieden - 16 **le Journal Officiel** Gesetz-, Amtsblatt.

4 La politique, bof !

Avant de commencer

1 Le dessin de Plantu, ci-dessus, a pour titre : « *Homme politique prenant des mesures* ». Décrivez et commentez-le.
2 Les sondages montrent souvent que les hommes politiques sont très peu populaires. A votre avis, comment est-ce que cela s'explique ?
3 Est-ce que vous vous intéressez à la politique ? Si oui, à quels domaines ? Si non, pourquoi ?

1 Non à la politique politicienne[1] !

La politique ? Désintérêt. Des lieux communs[2] entendus dans des discussions familiales. Le Pen ? « *Il est dangereux pour la démocratie, il faut lui barrer la route[3] à tout prix* », déclare Patrick, 18 ans. Les communistes ? « *Je voterai peut-être coco[4], comme mes parents. Le communisme, c'est une utopie, mais cela empêche la droite de passer* », indique Mathias.

Du coup, la nouvelle vague d'électeurs votera nul[5], ou écolo[6], plutôt que de donner ses voix aux partis traditionnels. Les jeunes se situent, dans notre France, plus volontiers[7] du côté des défavorisés[8]. Plus proches[9] des misères du monde.

Leurs modèles ? Bernard Kouchner, par exemple : « *Il va toujours sur le terrain, il risque sa peau[10], il n'est pas planqué[11] comme les autres* ».

Bernard **Kouchner**, né en 1939, est médecin, cofondateur[12] de *Médecins sans Frontières* et de *Médecins du monde* (des organisations indépendantes travaillant surtout dans les régions touchées par la guerre). Secrétaire d'Etat puis ministre de la Santé et de l'Action humanitaire de 1988 à 1993. Haut représentant de l'ONU[13] au Kosovo de 1999 à 2001. Ministre délégué à la Santé depuis 2001.

2 Oui au débat !

Céline, 1re : La gauche, la droite, tout ça, c'est un peu pareil[14], et ça ne m'intéresse pas que les partis politiques viennent au lycée pour nous vendre la même chose qu'à la télé, que je n'ai vraiment pas envie de regarder. Mais de vrais débats sur des sujets importants, oui ! En excluant[15] tous les extrémistes, autrement, ça se met à castagner[16], on se parle plus, ce n'est pas la peine …

Aurélie, 1re : Il faut qu'il y ait des échanges, du dialogue. Je pense qu'il faut permettre à tout le monde de s'exprimer, au Front national comme aux autres. Il faut les voir, les écouter, pour connaître leurs arguments, et être capable de discuter avec eux, de mieux les combattre[17]. Mais en même temps, j'ai peur de me faire manipuler.

Alban, 1re : Si tous les lycéens étaient plus informés et connaissaient mieux les programmes politiques, ils voteraient plus et mieux ! Il faut qu'il y ait des cours de culture politique générale.

3 L'école doit former à la démocratie

Le mot « politique » est trop souvent compris dans un sens caricatural, comme un débat stérile entre les bons et les méchants. Je suis pour une définition proche de l'origine grecque[18], où *polis* signifie tout ce qui concerne les affaires de la cité.

Si on ne donne pas aux jeunes la possibilité de s'intéresser aux « choses de la cité », si on ne les aide pas à construire leur opinion, si on n'écoute pas leur extraordinaire force de proposition, alors, il ne faudra pas s'étonner que les jeunes ne votent pas, et ne sachent pas demain

défendre[19] la démocratie. L'école doit avoir cette capacité[20] de dialogue.
En Allemagne, la politique est officiellement « prescrite[21] » aux jeunes, comme le moyen d'éviter que se reproduisent[22] les drames de la Seconde Guerre mondiale. C'est cela aussi, le rôle de l'école : donner les références[23] nécessaires pour situer les idées dans une logique, dans une histoire.

1 : Marie-Laure de Léotard, *L'Express,* 9 novembre 1992 ; 2 : © Bayard, avril 1997 ;
3 : Jacques Gonnet, cité dans *Phosphore,* avril 1997 (textes abrégés)

Autour des textes

1 D'après le premier texte, qu'est-ce que les jeunes semblent attendre des hommes politiques ?
2 Pourquoi Mathias va-t-il voter pour les communistes (L. 6-9) ? Que pensez-vous de son argumentation ?
3 Selon Céline (L. 33-40), *« la droite et la gauche, c'est pareil ».* Qu'en pensez-vous ?
4 Comparez l'attitude de Céline et celle d'Aurélie face aux extrémistes.
5 A votre avis, que souhaite Alban, concrètement, quand il demande plus de « culture politique générale » ?
6 Quelles pourraient être les « choses de la cité » dont parle Jacques Gonnet dans la dernière partie du texte ? Donnez des exemples.
7 D'après Jacques Gonnet, pourquoi est-il important d'intéresser les jeunes à la politique ?

Au-delà des textes

- *Discussion* – Choisissez l'un des sujets suivants :
  a) *« Pour que les jeunes s'intéressent plus à la politique, il faudrait d'abord que la politique s'intéresse plus aux jeunes. »* D'accord ou pas d'accord ? Si oui : Qu'est-ce qui devrait changer, dans « la politique » ?
  b) D'après Jacques Gonnet, l'éducation politique des jeunes Allemands a pour but *« d'éviter que se reproduisent les drames de la Seconde Guerre mondiale ».* Comment s'explique, dans ce cas, qu'il y ait encore des jeunes néo-nazis en Allemagne ?
- *Commentaire (voir les conseils donnés aux pages 50-52) :*
  Faut-il, pour défendre la démocratie, interdire les partis politiques extrémistes ?
- *Compréhension orale (voir les pages « stratégies », p. 110-111).*
  Ecoutez les extraits d'interviews *Points de vue*, sur le CD qui accompagne ce livre.
  Après la première audition : Combien de personnes s'expriment dans ce texte ? D'après vous, qui sont ces personnes ? De quel parti est-il question dans les derniers extraits ?
  Auditions suivantes : Parmi les personne interviewées, combien s'intéressent à la politique ? Qu'est-ce qu'elles reprochent aux hommes politiques ? D'après le deuxième extrait, pourquoi faut-il voter ?
- *Créativité* – Faites le portrait de l'homme (ou de la femme) politique idéal(e) : parlez de son caractère, de ses actions, etc. (Vous pouvez vous inspirer de personnages célèbres que vous admirez.)

---

bof ! *fam* naja ! - 1 **politicien,ne** *etwa:* um der Politik willen - 2 **un lieu commun** qc de très banal - 3 **barrer la route à qn** empêcher qn de passer - 4 **coco** *fam* communiste - 5 **voter nul** eine ungültige Stimme abgeben - 6 **écolo** *fam* écologiste - 7 **volontiers** gern - 8 **(un,e) défavorisé,e** ≠ (un,e) privilégié, e - 9 **proche** près - 10 **la peau** Haut - 11 **planqué,e** fam caché; *ici:* à l'abri du danger - 12 **un (co)fondateur** (Mit)Gründer (→ fonder) - 13 **l'ONU** UNO - 14 **pareil,le** identique - 15 **exclure** mettre dehors - 16 **castagner** *pop* se battre - 17 **combattre qc/qn** lutter contre qc/qn - 18 **grec, grecque** griechisch - 19 **défendre qc/qn** protéger qc/qn - 20 **la capacité** → capable - 21 **prescrire** verschreiben - 22 **se reproduire** *ici:* recommencer - 23 **une référence** Bezug.

Stratégies Analyser la forme et la fonction du texte

A quoi ça sert ?

Un discours politique, un roman, un mode d'emploi, une chanson ou un texte publicitaire se distinguent non seulement par leur *contenu,* mais aussi par leur *forme* et par leur *fonction* : dans chaque cas, l'auteur de ces textes a des intentions différentes. Analyser la forme d'un texte permet d'identifier sa fonction et de reconnaître les véritables intentions de son auteur.

Les principales fonctions du texte

- **Décrire** qc, pour *informer* le lecteur (ex.: un texte de catalogue) ou le distraire (p. ex. dans un roman) ;
- **expliquer** qc, pour *informer* le lecteur, pour qu'il comprenne qc (ex.: une grammaire) ;
- **argumenter,** pour *faire réfléchir* le lecteur ou pour le convaincre de qc (ex.: débats, essais) ;
- **influencer** le lecteur pour le *faire agir* (ex.: textes de publicités et tracts politiques) ;
- **raconter** qc, pour *distraire* le lecteur (ex.: un conte) ou pour l'informer (un article de fait divers).

Attention : Un même texte a souvent *plusieurs* fonctions différentes.

Comment s'y prendre ?

Pour identifier la ou les fonction(s) d'un texte, on peut analyser plusieurs élements :

1 la **perspective** de l'auteur ou du narrateur ;
2 le **ton** du texte (neutre, ironique, agressif, didactique, etc. – *voir ci-dessous*) ;
3 la **langue** utilisée (familière, recherchée, lyrique, technique, etc. – *voir ci-dessous*) ;
4 les **figures de style** utilisées *(voir page suivante).*

Quelques exemples de tons et de types de langue :

- Ton et langue <u>neutres</u> :
  « *Les jeunes étudient plus longtemps et ils sont plus souvent chômeurs qu'avant.* » (Chap. 1, texte 3)
- Ton <u>ironique</u> :
  « *Mon père était sûr que je voulais draguer toute la plage de Bandol.* » (Chap. 1, texte 2)
  « *Quel beau festival d'hypocrites que tous ces gens qui sont contre le nucléaire !* » (Chap. 2, texte 6)
- Ton <u>agressif</u> :
  « *C'est toi qui délires !* » (Chap. 2, texte 6) « *Hé ! Toi, l'Arabe !* » (Chap. 3, texte 1)
- Langue <u>familière</u> :
  « *On s'est raconté plein de trucs, tous nos petits secrets de nanas.* » (Chap. 1, texte 2)
  « *Quand on cessera de nous reprocher nos gueules, les choses iront mieux.* » (Chap. 3, texte 3)
- Langue <u>recherchée</u> :
  « *On ne devient adulte qu'en acquérant une véritable autonomie financière.* » (Chap. 1, texte 3)
- Langue <u>lyrique</u> :
  « *L'atroce simplicité de ce spectacle dit toute la tragédie du chômage.* » (Chap. 3, texte 6)
- Langue <u>technique</u> :
  « *L'apport énergétique d'un menu en restauration rapide est plus proche des normes.* » (Chap. 1, texte 5)
  « *Les examens montrent un déficit auditif temporaire dans les fréquences les plus sensibles.* » (Chap. 2, texte 10)

fonction principale du texte	**perspective :** sujets et/ou pronoms* à la...	**ton** d'ensemble du texte *	**langue :** temps les plus utilisés ; caractéristiques diverses *	**figures de style** souvent utilisées *
décrire	3ème personne	neutre	neutre ou lyrique ; présent ou imparfait	comparaisons, métaphores
expliquer	3ème personne	neutre ou didactique	neutre ou technique ; présent	comparaisons
argumenter faire réfléchir	1ère, 2ème, 3ème personne	neutre, didactique ou ironique	neutre, familière, recherchée ou technique ; charnières logiques, arguments et exemples,	énumérations, gradations, hyperboles
influencer faire agir	1ère, 2ème, 3ème personne	neutre, ironique ou agressif	neutre ou recherchée ; ordres ou conseils à l'impératif, à l'infinitif ou au futur	questions rhétoriques, métaphores, hyperboles
raconter	1ère ou 3ème personne	neutre, ou ironique	neutre, lyrique ou familière ; présent ou passé (simple/composé) ; avec indications de temps et de lieu	métaphores, hyperboles, euphémismes

** Ces indications servent d'orientation. D'autres combinaisons sont possibles.*

Les principales figures de style

- La comparaison :
  « Je me jette *comme une bête* sur le dernier gadget. » (chap. 2, texte 2)
- La métaphore (une expression imagée) :
  « La famille reste un *noyau dur.* » (chap. 1, texte 3) « Les *pics* de pollution.» (chap. 2, texte 3)
- L'énumération :
  « *Qu'il pleuve, qu'il neige ou qu'il vente.* » (chap. 3, texte 8 – au lieu de : Par tous les temps.)
- La gradation (une énumération d'éléments de plus en plus « importants ») :
  « Il y a d'autres risques : les *insolations,* les *piqûres de serpents* et, bien sûr, les *nanas.*» (chap. 1, texte 2)
- L'hyperbole (une expression fortement exagérée qui sert à dramatiser ou à ironiser) :
  « Ce n'est plus un bulletin scolaire, c'est *un casier judiciaire* ! » (chap. 1, texte 4)
- L'euphémisme (une expression « modérée » qui remplace des mots jugés « durs » ou choquants) :
  « *Je suis sortie* avec un garçon » (chap. 1, texte 8 – au lieu de : J'ai couché avec un garçon.)
- La question rhétorique (une question dont on connaît déjà la réponse) :
  « L'électricité, *ça s'obtient comment, à votre avis ?*» (chap. 2, texte 6)

A vous !

1 Transformez en un français plus « neutre » ou plus simple les six exemples de langue *familière, recherchée, lyrique* et *technique* donnés en bas de la page précédente.

2 (Re)Lisez les textes *Votez pour nous* ! (p.78-79). A l'aide du tableau ci-dessus, relevez dans ces textes les éléments qui montrent que le but de ces textes est de faire agir les lecteurs (c'est-à-dire voter).

3 (Re)Lisez *La politique, bof !,* page 84.
   a) Comparez la perspective et le ton des trois lycéens de la 2ème partie du texte. Que constatez-vous ?
   b) Comparez les citations d'élèves des deux premières parties au texte de la 3ème partie sur le plan de la langue : Quelles différences pouvez-vous remarquer ?
   c) Relevez les figures de style que vous trouverez dans les trois parties du texte et dites quelle fonction elles ont dans leur contexte.
   d) D'après vous, quelle(s) fonction(s) les trois parties du texte ont-elles ? Que veulent leurs auteurs ?

4 Rédigez deux textes de 4 à 8 phrases sur deux sujets de votre choix. La fonction principale du premier texte doit être d'*expliquer* qc, d'*argumenter* pour ou contre qc *ou* de *raconter* qc au lecteur, celle du deuxième texte doit être d'influencer le lecteur pour le faire *agir.*

5 Pour une nouvelle citoyenneté

Avant de commencer

Personnellement, pour ou contre quoi seriez-vous prêt à manifester dans la rue ? (Justifiez vos choix.)
a) pour que tous les élèves touchent un salaire minimum garanti par l'Etat ?
b) contre les expériences sur les animaux ? c) contre la pollution ?
d) contre le sida ? e) contre le racisme ? f) contre la guerre ? g) contre la faim dans le monde ?
h) pour que les jeunes puissent voter à partir de 16 ans ? i) pour le droit de vote des étrangers ?
j) contre un maire qui appartient à un parti d'extrême-droite (ou d'extrême-gauche) ?
k) pour d'autres raisons ? (lesquelles ?)

Ce n'est pas par hasard si l'on parle aujourd'hui plutôt de citoyenneté que d'engagement politique ... Le « citoyen[1] » et le « militant[2] politique » ne font pas la même chose : le premier utilise tous les moyens possibles pour protéger la démocratie, le second se mobilise pour les idées d'un parti politique précis. Le « citoyen » peut tout à fait se définir en dehors de tout parti, contrairement au militant. Or[3], il y a de plus en plus de « citoyens » et de moins en moins de « militants politiques ».

Cette évolution est particulièrement[4] forte chez les jeunes. Dans les années 1980, ils se sont désintéressés[5] de la politique traditionnelle. Ainsi, les 15-25 ans ne sont que 3 % à adhérer[6] à un parti et 18 % à participer à une organisation lycéenne ou étudiante. Mais ce sont ces mêmes jeunes qui affirment être prêts à s'engager pour la défense de l'environnement (63,6 %) ou pour lutter contre l'intolérance ou la pauvreté (98 %). La politique les ennuie, mais ils se sentent citoyens. En 1993, les jeunes étaient descendus dans la rue pour défendre leurs intérêts et la liberté d'exercer[7] un métier sans discrimination. Il était question de gros sous, mais aussi et surtout de leur place dans la société. La lutte contre le racisme et la lutte contre le sida[8] sont les deux autres principales causes qui mobilisent[9]. En mars 1997, les jeunes étaient très nombreux parmi[10] les 50 000 manifestants anti-Front national, à Strasbourg.

Cette génération redécouvre les valeurs du civisme[11], laissées à l'écart[12] pendant les années 1980, qui furent plutôt celles de la réussite économique et professionnelle. Trois grands « dossiers » devraient mobiliser de plus en plus de monde : la démocratie, qui demande toujours à être entretenue et consolidée[13]. La solidarité, qui prend aujourd'hui surtout la forme de la lutte contre le chômage. Enfin, l'écologie, qui concerne la totalité de la communauté humaine[14] puisque sa survie[15] en dépend[16].

Phosphore, hors-série 1997-98 (texte abrégé).

Autour du texte

1 Expliquez la différence entre « citoyen » et « militant ».
2 « *La politique les ennuie, mais ils se sentent citoyens.* » Dans quelle mesure le 2ème paragraphe illustre-t-il cette phrase ? Quelles sont les causes qui mobilisent les jeunes d'aujourd'hui ?
3 a) De quels « grands dossiers » est-il question dans le dernier paragraphe ?
b) A votre avis, comment peut-on s'engager concrètement pour ces valeurs ?
c) Y a-t-il d'autres causes qui vous paraissent aussi ou plus importantes ? Si oui, lesquelles ?
4 D'après vous, pourrait-on totalement se passer de partis politiques et d'associations en tout genre ?

- *Internet* – Visitez le site de BeCitizen (http://www.becitizen.com). Lisez, entre autres, la charte et la « foire aux questions », puis présentez cette organisation, son fonctionnement et quelques-uns des dossiers traités.

---

la citoyenneté *etwa:* Selbstverständnis als Bürger - 1 **un citoyen** (Staats)Bürger - 2 **un militant** qn qui s'engage dans un parti politique - 3 **or** nun aber - 4 **particulièrement** besonders - 5 **se désintéresser de** ≠ s'intéresser à - 6 **adhérer à** faire partie de / être dans - 7 **exercer** *ici:* faire - 8 **le sida** Aids - 9 **mobiliser qn** faire bouger / agir qn (→ mobile) - 10 **parmi les ...** unter den ... - 11 **le civisme** staatsbürgerl. Gesinnung - 12 **à l'écart** beiseite - 13 **consolider** stabiliser - 14 **la communauté humaine** l'ensemble des hommes - 15 **la survie** Überleben (→ la vie) - 16 **dépendre** abhängen.

6 Ça manque de femmes !

Avant de commencer

1 Décrivez le dessin de Plantu, ci-dessus. Où la scène se passe-t-elle ? Qu'est-ce que le dessinateur critique ?
2 En politique, pensez-vous qu'on manque surtout …
a) de femmes ? b) de jeunes ? c) de citoyens d'origine étrangère ? d) d'autres catégories de personnes ? (lesquelles ?) Justifiez votre opinion.

Des socialistes aux gaullistes en passant par les libéraux ou les communistes, la chasse est ouverte. Le gibier[1] ? Les femmes ! La date de fermeture[2] ? Les municipales, en mars 2001. Dans les communes de plus de 3 500 habitants (il y en a 2 500 en métropole[3]), selon la loi du 6 juin 2000, la parité[4] doit s'appliquer[5] scrupuleusement[6], du premier au dernier de la liste. Il s'agit pour les différents partis politiques de trouver 40 097 candidates à élire. Un cauchemar[7] ! Un cauchemar, car ils ont beau faire[8] : il n'y a pas assez de postulantes[9]. Or si les quotas ne sont pas respectés, les partis risquent de lourdes sanctions financières.

Les femmes parlementaires en 1997 (en % du nombre des députés) :

– Suède	40 %
– Norvège	40 %
– Danemark	33 %
– Pays Bas	28 %
– Allemagne	26 %
– France	11 %

D'après *Le Quid* 2000.

À l'Union féminine civique[10] et sociale (UFCS), on tente d'expliquer ce manque d'intérêt des femmes pour la politique. Elles hésiteraient à se lancer … faute de temps. Entre leurs obligations[11] professionnelles et familiales, beaucoup estiment[12] qu'un mandat électif[13] serait trop contraignant. Qu'elles l'exerceraient mal. Outre[14] ces scrupules (qui les honorent[15]), les femmes craignent aussi d'avoir à choisir un bord politique. Volonté de se démarquer[16] des partis tenus par des hommes, refus[17] de la « ligne » du parti, assurent-elles. Il n'empêche : d'ici au scrutin[18] municipal, les partis feront tout pour dénicher[19] ces oiseaux rares.

Julie Cloris, *Le Parisien*, 14 août 2000 (texte abrégé).

1 **le gibier** Wild - 2 **la fermeture** *ici:* das Ende der Jagdsaison (→ fermer) - 3 **la métropole** *ici:* la France - 4 **la parité** Gleichwertigkeit - 5 **appliquer** *ici:* anwenden - 6 **scrupuleusement** peinlich genau - 7 **un cauchemar** un mauvais rêve - 8 **ils ont beau faire** was auch immer sie tun - 9 **une postulante** une candidate - 10 **civique** staatsbürgerlich - 11 **une obligation** un devoir (Pflicht) - 12 **estimer** *ici:* penser - 13 **électif, -ve** électoral (Wahl-) - 14 **outre** en plus de - 15 **honorer** ehren - 16 **se démarquer** sich abgrenzen - 17 **un refus** le fait de dire « non » - 18 **un scrutin** Wahl, Abstimmung - 19 **dénicher** trouver.

Autour du texte

1 a) Que dit la loi du 6 juin 2000 ? b) Quel problème cette loi pose-t-elle ?
2 a) D'après le texte, pour quelles raisons les femmes hésitent-elles à s'engager dans la politique ?
b) Que pensez-vous des raisons indiquées pour expliquer ces hésitations ? En voyez-vous d'autres ?
3 a) Récapitulez en trois ou quatre phrases ce qui est écrit dans cet article de journal.
b) Est-ce que le contenu de ce texte correspond au dessin de Plantu (paru en 1985), en haut de la page 89 ?
4 Analysez la forme et la fonction du texte *(voir les conseils donnés aux pages 86-87)* :
a) Relevez dans le premier et dans le dernier paragraphe les mots et expressions qui appartiennent au vocabulaire de la chasse. Quelle est la figure de style utilisée ?
b) Retrouvez deux autres figures de style.
c) En quelques mots, caractérisez la perspective, la langue et le ton du texte.
d) Quel est l'effet recherché par la journaliste ? Quelle(s) fonction(s) son texte a-t-il ?

Au-delà du texte

- *Internet* – Visitez le site de l'*Assemblée des Femmes* (www.assemblee-des-femmes.com). Récapitulez les objectifs de cette association puis présentez en quelques phrases les dosssiers qu'elle traite.
- *Ecriture* – « Ça manque d'hommes ! » Choisissez une profession ou un domaine dans lequel on trouve très peu d'hommes. Rédigez ensuite un texte *argumentatif* (et si possible ironique) dans lequel vous attaquez cette « discrimination » des hommes. *(Voir les pages 86-87 ainsi que les conseils donnés pour bien rédiger un texte, pages 112-114.)*

7 Pour ou contre la parité ?

Avant de commencer

1 Donnez le nom de femmes françaises ou allemandes qui ont (ou ont eu) une fonction politique importante. En connaissez-vous beaucoup ? Que savez-vous d'elles ?
2 Qu'est-ce que vous associez aux mots suivants ?
a) l'égalité ; b) la parité ; c) les quotas.

L'égalité est dans les textes, elle n'est pas toujours dans les têtes ni dans les faits. Si l'accès à tous les emplois est, en principe, ouvert aux femmes, celles-ci sont encore sous-représentées dans certains domaines, notamment[1] en politique. Faut-il alors imposer *la parité par la loi ? Les femmes prennent position.*

POUR : Michèle Perrot, historienne

– *Pourquoi êtes-vous favorable[2] à la parité ?*

– J'y suis favorable parce que c'est un moyen pour parvenir[3] à l'égalité des femmes, notamment dans le domaine politique. Avec 11 % de femmes au Parlement, notre pays est archaïque. Les rapports des sexes[4] en France sont tellement[5] inégalitaires que l'intervention de la loi s'impose. Car la loi est faite pour corriger les inégalités.

– *Pensez-vous que la loi puisse changer les mœurs[6] ?*

– Oui. Les lois de 1967 sur l'accès à la contraception[7] et de 1975 sur le droit à l'avortement[8] l'ont montré. Elles ont rendu les femmes plus libres de leur sexualité. Aujourd'hui, c'est pareil. La simple discussion ouverte par la loi pousse à la réflexion[9].

– *Mais la parité ne risque-t-elle pas de créer une opposition entre les hommes et les femmes ?*

– Non. Je ne suis pas pour une parité qui serait fondée sur l'idée d'une nature spécifique des femmes. Les femmes ne sont pas une communauté. Elles sont diverses[10], dans leurs origines nationales, leurs catégories sociales, etc. Mais les femmes, par leurs expériences, peuvent apporter un autre regard sur la politique.

Propos recueillis par Emmanuel Vaillan,
Les clés de l'actualité, 18 mars 1999

CONTRE : Florence Montraynaud, journaliste

– *Pourquoi êtes-vous contre la parité ?*

– Modifier[11] la Constitution me paraît symbolique et beaucoup trop lourd. Dans aucun pays au monde, la parité n'est inscrite[12] dans la loi. C'est un coup d'éclat qui facilitera la carrière politique de quelques femmes, mais cela sera sans effet[13] sur la démocratisation de la vie politique.

– *La loi ne peut-elle pas changer les mœurs ?*

– La loi suit les mœurs. Elle ne les précède[14] pas. L'essentiel[15], c'est la parité à la maison. Comment les femmes peuvent-elles s'engager en politique si elles sont seules responsables de l'organisation matérielle ? Qui reste à la maison, trie[16] le linge[17] et appuie[18] sur le bouton[19] de la machine à laver ? En France, ces questions sont jugées[20] mineures[21]. Ce sont pourtant de vrais débats politiques

– *S'il ne sert à rien d'inscrire l'égalité dans la loi, que faire ?*

– C'est tout un état d'esprit[22] de la société qu'il faut changer. En présentant de nouveaux modèles de rapports hommes-femmes, en incitant[23] les hommes à se sentir responsables de leurs enfants. Le changement de mentalité passe enfin par les modèles proposés aux plus jeunes. Pourquoi les filles ont-elles moins accès à l'ordinateur que les garçons ? Pourquoi desservent[24]-elles la table quand les garçons changent les ampoules[25] ? L'égalité homme-femme passe par l'éducation des filles et des garçons. ▶

---

1 **notamment** surtout, particulièrement - 2 **être favorable à qc** être pour qc - 3 **parvenir à** arriver à - 4 **les sexes** *m ici:* les hommes et les femmes - 5 **tellement** si - 6 **les mœurs** *f* Sitten - 7 **la contraception** Empfängnisverhütung - 8 **un avortement** Abtreibung - 9 **la réflexion** → réfléchir - 10 **divers,e** unterschiedlich - 11 **modifier** changer - 12 **inscrire** écrire - 13 **un effet** une conséquence - 14 **précéder qc** venir avant qc - 15 **l'essentiel** *m* le plus important - 16 **trier** sortieren - 17 **le linge** *ici:* les vêtements sales - 18 **appuyer** drücken - 19 **un bouton** Knopf - 20 **juger** *ici:* betrachten - 21 **mineur,e** *ici:* peu important - 22 **un état d'esprit** Einstellung - 23 **inciter** motiver - 24 **desservir** abdecken - 25 **une ampoule** Glühbirne -

Mais encore ...

Patricia Barbizet, directrice générale d'Artémis : *« La parité par la loi, je suis contre, car il s'agit d'un quota. Je ne voudrais pas qu'on me réserve une place, comme si j'étais inapte*[1]*. »*
Françoise Cachin, directrice des Musées de France : *« La parité est humiliante*[2] *pour les femmes, qui ne sont pas une espèce*[3] *à protéger. Il y a d'autres moyens de changer les mentalités. Il faut organiser l'égalité des chances. »* (1)

Chacun(e) de nos élu(e)s devrait être capable de représenter tous les Français. Au nom de l'efficacité[4], nous allons vivre dans un monde politique obsédé[5] par une différence sexuelle qui devrait être un critère[6] mineur par rapport aux qualités de compétence, de courage et d'altruisme. Chacune des minorités sociales, ethniques, générationnelles pourra bientôt réclamer des quotas de vieux, de jeunes, d'ouvriers, de Corses, de Bretons, de Noirs. Une logique infernale ... (2)

1 citées dans *L'Express,* 11 février 1999 ;
2 J.R., *L'Express,* 24 février 2000 (textes abrégés).

Autour des textes

1 Quel est l'argument principal de Michèle Perrot pour la parité ?
2 a) Pour quelles raisons Florence Montraynaud y est-elle opposée ?
 b) Qu'est-ce qu'elle propose pour arriver à l'égalité entre hommes et femmes dans la société ?
3 a) Expliquez le raisonnement de Patricia Barbizet et de Françoise Cachin (L. 58-66).
 b) En quoi Françoise Cachin est-elle d'accord avec Florence Montraynaud (p. 91, L. 28-56)?
4 a) D'après le texte tiré de *l'Express* (L. 67-77), selon quels critères faudrait-il choisir ses représentants politiques ?
 b) Pourquoi l'auteur de ce texte considère-t-il la loi sur la parité comme une « logique infernale » ?
5 Analysez la forme et la fonction du texte de *l'Express (voir les conseils donnés aux pages 86-87)* :
 a) Quelle est la figure de style dominante ? Quelles autres figures de style sont utilisées ?
 b) Quel est le ton général de ce texte ? Quelle est sa fonction principale ?

Au-delà des textes

- *Commentaire (voir les conseils donnés aux pages 50-52)* – Choisissez un des sujets suivants :
 a) Faut-il vraiment imposer la parité par une loi et des quotas ? Donnez votre opinion personnelle en tenant compte des arguments fournis par le texte.
 b) Pour Michèle Perrot, la loi *change* les mœurs. Pour Florence Montraynaud, la loi *suit* seulement les mœurs. D'après vous, qui a raison ? Donnez votre opinion en vous basant sur des exemples pris hors du texte.
- *Projet* – Françoise Cachin propose d'« organiser l'égalité des *chances* » (L. 65-66). Réfléchissez aux domaines dans lesquels il faudrait agir et aux mesures qu'il faudrait prendre.
 En groupes, rédigez ensuite une *Charte pour l'égalité des chances* (vous pouvez prendre pour modèle le *projet de charte contre le racisme*, p. 58). Illustrez votre charte par des photos ou des dessins.

1 **inapte** untauglich - 2 **humiliant,e** entwürdigend - 3 **une espèce** Spezies, Art - 4 **l'efficacité** *f* Wirksamkeit - 5 **obsédé,e** besessen - 6 **un critère** Kriterium.

1 Etranges voisins

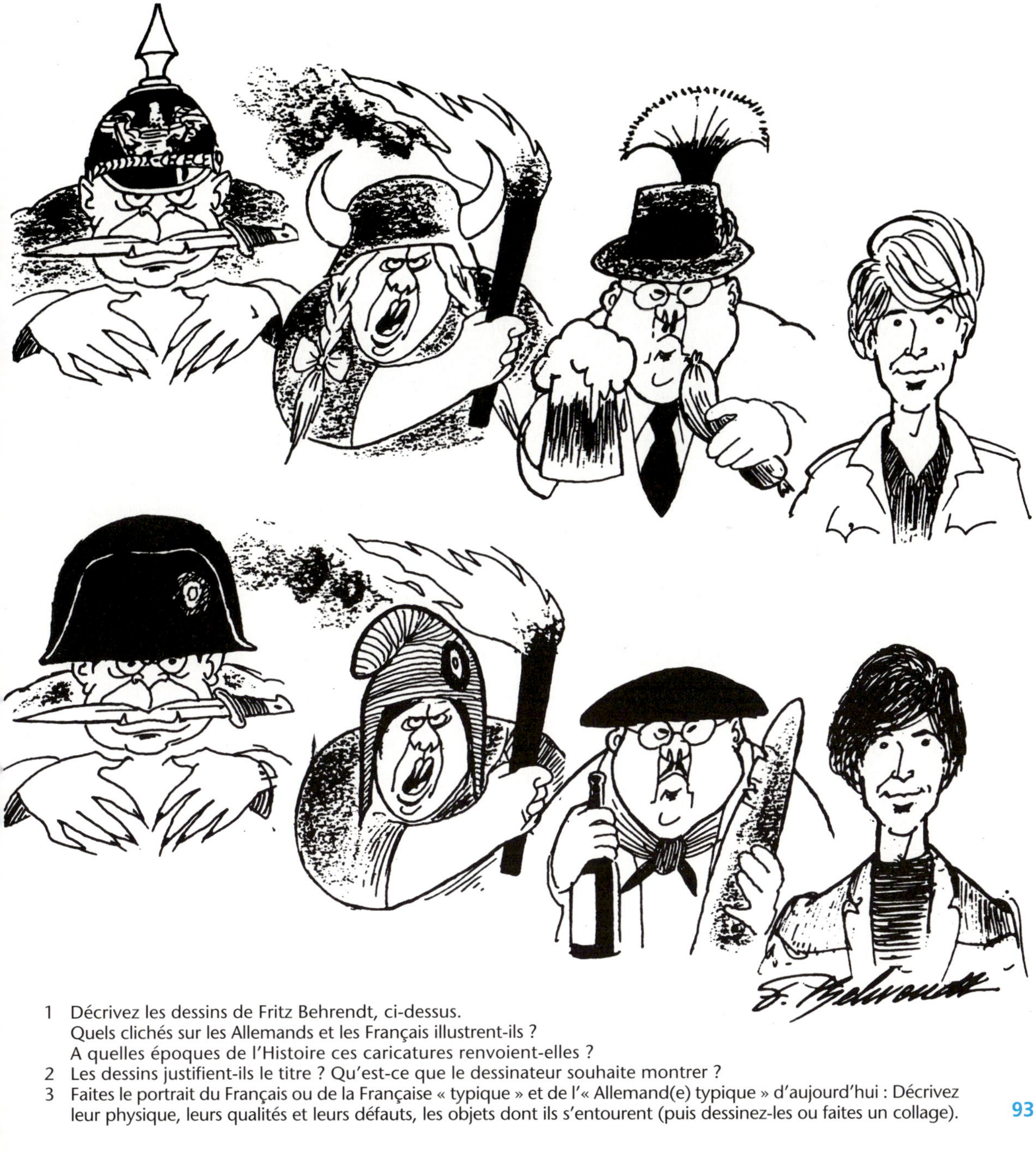

1 Décrivez les dessins de Fritz Behrendt, ci-dessus.
Quels clichés sur les Allemands et les Français illustrent-ils ?
A quelles époques de l'Histoire ces caricatures renvoient-elles ?
2 Les dessins justifient-ils le titre ? Qu'est-ce que le dessinateur souhaite montrer ?
3 Faites le portrait du Français ou de la Française « typique » et de l'« Allemand(e) typique » d'aujourd'hui : Décrivez leur physique, leurs qualités et leurs défauts, les objets dont ils s'entourent (puis dessinez-les ou faites un collage).

2 Plus jamais ça !

Avant de commencer

1 Quel est le fait historique qui a le plus marqué la France en juin 1944 ? Que savez-vous de cet événement ?
2 Dites ce que vous voyez sur la photo ci-dessous. Quelle impression cette photo vous laisse-t-elle ?

Le 10 juin 1944, les habitants d'Oradour ont été exécutés par une compagnie de la division SS *Das Reich*. Tout le village a été mis à feu. 190 hommes, 245 femmes et 207 enfants sont morts sous les balles ou brûlés vifs[1] dans l'église. Seuls cinq hommes et une femme ont réussi à échapper[2] au massacre.

Une nouvelle page de la réconciliation[3] franco-allemande a été écrite, hier, avec la première visite officielle d'une délégation allemande au village-martyr d'Oradour-sur-Glane, près de Limoges. La délégation était conduite par le ministre d'Etat bavarois[4] chargé[5] des Affaires européennes, Reinhold Bocklet.
La mémoire du drame étant toujours très vivace[6] parmi[7] les rescapés[8] ou les familles des victimes[9], cette visite officielle n'avait pas été annoncée dans la presse régionale, pour éviter tout incident[10].
A son arrivée, M. Bocklet a été accueilli par Raymond Frugier, maire du village et lui-même rescapé du martyr. *« Nous rendons hommage[11] au geste de la France, qui tend la main par-dessus les tombes »*, a déclaré[12] le ministre bavarois.

Les deux hommes ont ensuite visité les ruines du village, avant d'observer une minute de silence au tombeau contenant[13] les cendres[14] des victimes. *« Personne ne peut ni ne doit oublier tout ce qui s'est commis[15], car tout peut recommencer »*, a déclaré M. Frugier. *« Je demande pardon aux victimes, aux survivants, aux familles »*, a répondu M. Bocklet, ajoutant : *« Ce que je ressens[16], c'est une profonde[17] émotion et de la honte. Tout Allemand qui a traversé ces ruines prend conscience[18] du bien précieux[19] que représentent[20] la réconciliation franco-allemande et l'amitié franco-allemande ».*
Recevant ensuite M. Bocklet à la mairie d'Oradour, M. Frugier a affirmé *« qu'après un demi-siècle, il y a des gestes qu'il faut faire, des pages douloureuses[21] qu'il faut savoir tourner ».*

Autour du texte

1 Faites le résumé de ce texte *(voir les conseils donnés aux pages 64-65).*
2 a) Quel est le but de la visite officielle de M. Bocklet ?
b) Quels sont les thèmes principaux de sa déclaration ?
3 Mettez-vous à la place de l'interprète et traduisez les déclarations des deux hommes politiques.
4 Cette première visite officielle allemande a lieu 56 ans après le massacre. A votre avis, pourquoi a-t-il fallu attendre si longtemps ?

Au-delà du texte

- *Discussion* – Choisissez un des sujets suivants :
  a) D'après Raymond Frugier, il ne faut rien oublier car « *tout peut recommencer* » (L. 21). Dites ce que cela signifie dans ce contexte et argumentez pour ou contre cette opinion.
  b) Les Allemands devraient-ils éviter de faire du tourisme dans les lieux qui ont souffert des nazis ou faut-il, au contraire, leur conseiller de visiter ces lieux « historiques » ?
- *Ecriture* – Un habitant d'Oradour, membre de la famille de plusieurs victimes, écrit au maire du village pour protester contre la visite de la délégation allemande. Rassemblez les raisons qu'il pourrait donner, puis mettez-vous à sa place pour rédiger la lettre. *(Pour bien rédiger une lettre, voir les conseils donnés aux pages 116-117 et 112-114.)*

La Seconde Guerre mondiale - les dates-clés

– 3 septembre 1939 – Suite à[22] l'invasion de la Pologne par l'armée allemande, la France et l'Angleterre déclarent la guerre à l'Allemagne.
– 17 juin 1940 – La France demande l'armistice.[23]
– 18 juin 1940 – Le général de Gaulle lance sur la BBC son célèbre appel à la résistance. *« La France a perdu une bataille[24] mais la France n'a pas perdu la guerre. Luttons tous pour la sauver ! »*
– 24 octobre 1940 – Le maréchal Pétain rencontre Hitler. *« C'est dans l'honneur[25] et pour maintenir[26] l'unité[27] française que j'entre dans la voie de la collaboration »*, dira-t-il peu après.
– 11 novembre 1942 – Occupation[28] de la « zone libre[29] ».
– 6 juin 1944 – Débarquement des alliés en Normandie.
– 25 août 1944 – Libération de Paris.
– 8 mai 1945 – Capitulation de l'Allemagne.

- *Compréhension orale (voir les pages « stratégies », p. 110-111)* – Ecoutez le texte sur Oradour, sur le CD qui accompagne ce livre.
  Après la première audition : Qui parle ? Notez les informations que vous avez retenues.
  Seconde audition : Récapitulez les événements mentionnés (dans l'ordre chronologique). Caractérisez ensuite l'attitude actuelle du personnage interviewé face à l'Allemagne et aux Allemands.
- *Internet* – En groupes et à l'aide d'un moteur de recherche français (Voilà, Wanadoo, Nomade, Lokace, Excite, etc.), retrouvez plusieurs sites qui traitent
  a) du général de Gaulle et de son rôle pendant la Seconde Guerre mondiale ;
  b) du maréchal Pétain et de la collaboration.
  Relevez les informations qui vous semblent les plus importantes et présentez-les sous forme d'un petit exposé. *(Pour bien structurer votre exposé, voir les conseils donnés à la page 112.)*

◀ *Les Dernières Nouvelles d'Alsace,* 29 mai 2000 (texte abrégé).

---

1 **vif, vive** vivant (→ vivre) - 2 **échapper à qc** *ici:* éviter qc - 3 **la réconciliation** Versöhnung - 4 **bavarois,e** → la *Bavière* (Bayern) - 5 **chargé,e de** qui s'occupe de - 6 **vivace** qui dure (→ vivre) - 7 **parmi les ...** unter den ... - 8 **un rescapé** qn qu'on a pu sauver - 9 **une victime** Opfer - 10 **un incident** Zwischenfall - 11 **rendre hommage à** ehren - 12 **déclarer** *ici:* dire - 13 **contenir** enthalten - 14 **la cendre** Asche - 15 **commettre** faire (qc de mal) - 16 **ressentir** empfinden (→ sentir) - 17 **profond,e** tief - 18 **prendre conscience de qc** sich etw. bewußt werden - 19 **précieux, -euse** d'une grande valeur - 20 **représenter** darstellen - 21 **douloureux, -euse** qui fait mal - 22 **suite à** après - 23 **un armistice** Waffenstillstand - 24 **une bataille** Schlacht - 25 **l'honneur** *m* Ehre - 26 **maintenir** entretenir, garder - 27 **l'unité** *f* Einheit - 28 **l'occupation** *f* Besatzung - 29 **la « zone libre »** la partie non occupée par les Allemands.

3 Collabos !

Avant de commencer

1 Est-ce que vous aimez regarder les films de guerre ? Quels sont ceux que vous préférez ?
2 Connaissez-vous des films qui se passent en France ou en Allemagne pendant la Seconde Guerre mondiale ? Lesquels ? Comment les Allemands et les Français y sont-ils représentés ?
3 Décrivez la photo ci-dessous, tirée du film *Au revoir, les enfants,* de Louis Malle.

Deux miliciens en uniforme sont entrés dans le restaurant et inspectent les tables. Le plus jeune s'approche de Meyer.

LE MILICIEN : Vos papiers, monsieur.

M. Meyer écrase[1] sa cigarette, sort son portefeuille[2], tend sa carte d'identité. Le milicien y jette un œil.

LE MILICIEN *(très fort)* : Dis donc toi, tu ne sais pas lire ? Ce restaurant est interdit aux youtres[3].

Un grand silence s'est fait dans le restaurant.

MME QUENTIN : Qu'est-ce qu'ils ont besoin d'embêter[4] les gens ? Il a l'air si convenable[5], ce monsieur.

Le maître d'hôtel s'avance.

LE MAITRE D'HÔTEL : M. Meyer vient ici depuis vingt ans. Je ne peux pas le mettre à la porte, quand même.

LE MILICIEN : Toi, le loufiat[6], ferme-la[7]. Si je veux, je peux faire révoquer[8] votre licence[9].

FRANÇOIS *(à mi-voix)* : Collabos !

MME QUENTIN : Tais-toi, François !

L'autre milicien s'avance vers François. Il est gros et vieux, avec une moustache.

LE MILICIEN : C'est toi qui as dit ça ?

MME QUENTIN *(au milicien)* : C'est un enfant. Il ne sait pas ce qu'il dit.

LE MILICIEN : Nous sommes au service de la France, madame. Ce garçon nous a injuriés[10].

Il y a des remous[11] dans la salle, comme si l'assistance[12] prenait courage.

UN HOMME : Vous n'avez pas le droit ! C'est ignoble[13] ce que vous faites.

D'autres voix s'élèvent : « *Allez-vous-en … Vous n'avez pas le droit …* »

Une voix *(stridente[14])* : Ils ont raison. Les juifs à Moscou !

Une voix allemande couvre le brouhaha : « *Foutez le camp[15] !*»

Silence. Derrière les Quentin, un officier s'est levé. Il est ivre[16], il a du mal à se tenir debout. Il s'approche du vieux milicien. Il a une tête de plus que lui.

L'officier : Vous m'avez compris ? Foutez le camp.

Le milicien le regarde, hésite. Finalement, il salue l'Allemand et se retire, entraînant[17] son jeune collègue.

Le jeune milicien *(à Meyer)* : On se retrouvera !

L'Allemand s'écroule[18] dans sa chaise. Les conversations reprennent.

Mme Quentin : On peut dire ce qu'on veut. Il y en a qui sont bien.

François : Il a fait ça pour vous épater[19].

Julien *(brusquement)* : On n'est pas juifs, nous ?

Mme Quentin: Il ne manquerait plus que ça !

Julien : Et la tante Reinach ? C'est pas un nom juif ?

Mme Quentin : Les Reinach sont alsaciens.

François : On peut être alsacien *et* juif.

Mme Quentin : Fichez-moi la paix[20]. Les Reinach sont *très* catholiques. S'ils vous entendaient ! Remarquez, je n'ai rien contre les juifs, au contraire. A part Léon Blum[21], bien entendu. Celui-là, ils peuvent le pendre[22]. Julien, tiens-toi droit !

Louis Malle, *Au revoir, les enfants,* Gallimard, Paris 1987 (texte abrégé)

Autour du texte

1 Pourquoi les miliciens viennent-ils dans le restaurant ?
2 a) Qu'apprend-on dans cet extrait sur M. Meyer ?
b) Comparez le langage du premier milicien dans sa première et dans sa deuxième réplique. Comment s'explique le changement ? Caractérisez son comportement face à M. Meyer.
3 Caractérisez aussi le comportement des miliciens face ...
a) au maître d'hôtel ; b) aux Quentin ; c) à l'officier allemand.
4 Comment réagissent les autres personnes présentes dans le restaurant ?
5 Faut-il croire Mme Quentin quand elle dit qu'elle n'a « *rien contre les juifs, au contraire* » *?* Pourquoi (pas) ?
6 Faites le résumé de cette scène. *(Voir les conseils donnés aux pages 64-65.)*
7 A votre avis, qu'est-ce que Louis Malle a voulu illustrer, dans ce passage ?

Au-delà du texte

- En 2000, Roland Ries, alors maire de Strasbourg, a dit : « *Il est grand temps aujourd'hui de considérer notre histoire telle qu'elle est et non telle que nous voudrions qu'elle soit.* » Dans le contexte de la collaboration, quel sens cette citation prend-elle et à qui s'adresse-t-elle ?
- *Mise en scène* – Le texte de *Au revoir, les enfants* est un scénario de film : Mettez ce passage en scène !
  a) Partagez-vous les rôles et apprenez vos répliques par cœur.
  b « Transformez » votre salle de classe en salle de restaurant, *esquissez* (andeuten) les décors et les costumes.
  c) Jouez la scène.

1 **écraser qc** zer-, ausdrücken - 2 **un portefeuille** Brieftasche - 3 **un youtre** *pop et péj.* un juif - 4 **embêter qn** *fam* ≠ laisser qn tranquille - 5 **convenable** correct - 6 **un loufiat** *pop* un garçon de café – 7 **ferme-la** *pop* tais-toi - 8 **révoquer qc** widerrufen - 9 **une licence** *ici:* autorisation d'ouvrir un restaurant - 10 **injurier qn** beschimpfen - 11 **des remous** *m, ici:* Unruhe - 12 **l'assistance** *f* les personnes qui assistent à la scène - 13 **ignoble** widerlich - 14 **strident, e** schrill - 15 **foutre le camp** *pop* s'en aller - 16 **ivre** qui a bu trop d'alcool - 17 **entraîner qn** emmener qn avec soi - 18 **s'écrouler** tomber - 19 **épater qn** jdn beeindrucken - 20 **ficher la paix à qn** *fam* laisser qn tranquille - 21 **Léon Blum** [blum] homme politique socialiste (1872-1950) - 22 **pendre** hängen.

4 Une peur bleue des nazis

Avant de commencer

1 Décrivez les personnages que vous voyez sur la photo.
2 A votre avis, dans quel « milieu » ces personnes vivent-elles ?

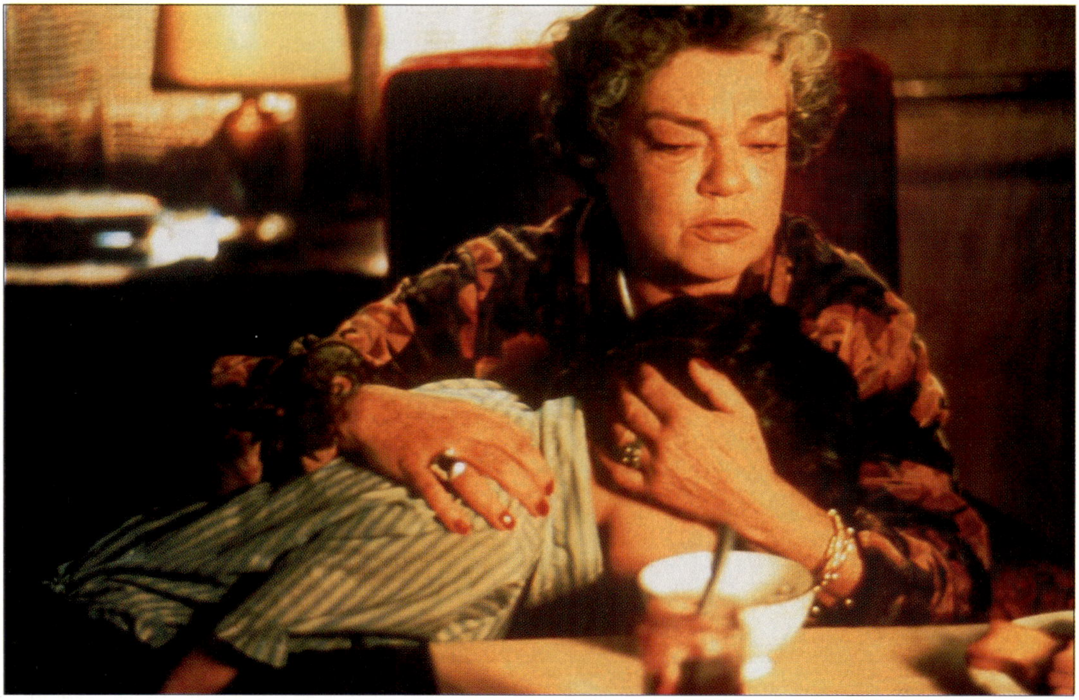

Dans La vie devant soi, *Momo, un jeune garçon, raconte les années qu'il a passées chez Madame Rosa, une ancienne prostituée d'origine juive qui prend en pension des enfants dont les parents ne veulent plus s'occuper.*

La seule chose qui pouvait remuer[1] un peu Madame Rosa, c'était si on sonnait à la porte. Elle avait une peur bleue des Allemands. C'est une vieille histoire et c'était dans les journaux. Madame Rosa n'en est jamais revenue[2]. Elle croyait parfois que c'était toujours d'actualité, surtout au milieu de la nuit. Vous pensez si c'est complètement idiot aujourd'hui, quand tout ça est mort et enterré[3], mais les Juifs sont très obstinés[4], surtout quand ils ont été exterminés[5]. Elle me parlait souvent des nazis et des SS et je regrette un peu d'être né trop tard pour connaître les nazis et les SS avec armes et bagages, parce qu'au moins on savait pourquoi. Maintenant, on ne sait plus.

C'était très drôle, cette peur que Madame Rosa avait des coups de sonnette[6]. Le meilleur moment pour ça, c'était très tôt le matin. Les

une peur bleue une peur très forte - 1 **remuer** (faire) bouger - 2 **ne pas revenir de qc** von etw. nicht loskommen - 3 **enterrer** mettre dans la terre; *ici:* oublier - 4 **obstiné, e** hartnäckig, dickköpfig - 5 **exterminer** massacrer - 6 **une sonnette** Klingel (→ sonner) - 7 **n'importe quel,le ...** irgendein(e)... - 8 **le couloir** le passage entre les pièces (Gang) - 9 **et des poussières** *(f) fam* ou un peu plus - 10 **(un,e) dingue** *fam* (un,e) fou / folle - 11 **dégringoler** *fam* descendre en courant - 12 **faire semblant (de** + *inf.***)** so tun (als ob) - 13 **les bigoudis** *m* Lockenwickler - 14 **se fâcher** wütend werden.

Allemands se lèvent tôt et ils préfèrent le petit matin à n'importe quel[7] autre moment de la journée. Il y avait un de nous qui se levait, qui sortait dans le couloir[8] et appuyait sur la sonnette. Un long coup, pour que ça fasse tout de suite. Ah qu'est-ce qu'on s'amusait ! Il fallait voir ça. Madame Rosa à l'époque devait faire déjà dans les quatre-vingt-quinze kilos et des poussières[9], eh bien, elle sautait de son lit comme une dingue[10] et dégringolait[11] la moitié d'un étage avant de s'arrêter. Nous, on était couchés et on faisait semblant[12] de dormir. Quand elle voyait que c'étaient pas les nazis, elle restait un moment les yeux grands ouverts avec les bigoudis[13] sur les derniers cheveux qu'elle avait encore sur la tête. Mais il y avait presque toujours un de nous qui commençait à rire, et quand elle comprenait qu'elle avait été victime, elle se fâchait[14] ou alors elle se mettait à pleurer.

Emile Ajar (Romain Gary), *La vie devant soi,*
Le Mercure de France, Paris 1975
(texte abrégé et légèrement adapté).

Autour du texte

1 a) Complétez le portrait de Madame Rosa avec les informations données dans le texte. Qu'est-ce qu'on apprend sur son passé ?
b) Quelle pourrait être cette « vieille histoire » qui explique sa peur ?
2 a) Dites en quoi consiste la plaisanterie des enfants.
b) Expliquez la réaction de Madame Rosa. Pourquoi une plaisanterie d'enfants la fait-elle pleurer ?
3 Retrouvez les passages montrant que c'est un enfant qui parle et que c'est le manque de compréhension de Momo qui est à l'origine de l'« humour » du texte.

5 L'Allemagne et les Allemands vus par les Français

Avant de commencer

1 a) Décrivez le dessin de Ernst, ci-contre. A quel conte fait-il allusion ?
b) Quelle est la signification de ce dessin, dans le contexte franco-allemand ?
2 a) Faites une liste des qualités et des défauts considérés comme « typiquement allemands ».
b) Parmi ces caractéristiques, dites quelles sont celles qui, d'après vous, correspondent à la réalité et celles qui sont plutôt des clichés.

De vieilles craintes ...

Les Allemands ont dû vivre pendant de longues années avec des reproches contradictoires[1] de la part de la France et de la Grande-Bretagne. S'ils veulent aider la Pologne, la Hongrie[2], la Russie, on crie à l'expansionnisme allemand. S'ils travaillent au redressement[3] des « nouveaux Länder » en crise, on souligne[4] leur égoïsme national. S'ils cherchent à s'engager pour une plus grande unification politique de la Communauté[5], on les soupçonne[6] de vouloir mieux dominer les structures européennes. En revanche[7], s'ils n'insistent pas en ce sens, c'est qu'ils veulent fuir l'Europe. Ajoutons que la puissance économique allemande ne paraît positive aux Français que si elle est européenne : ils la voudraient inférieure[8] à la leur, mais capable de triompher des concurrences américaine et japonaise. Quoi qu'il arrive, l'Allemagne doit faire peur. (1)

Extraits d'un sondage CSA réalisé en France en janvier 1997 auprès de 1002 personnes de plus de 18 ans et publié dans *L'Evénement du jeudi* du 30 janvier 1997 :

La France a-t-elle des raisons d'avoir peur de l'Allemagne ?

Plutôt d'accord	*32 %*
Plutôt pas d'accord	*59 %*

Pour l'Europe, la puissance économique allemande est une très bonne chose.

Plutôt d'accord	*67 %*
Plutôt pas d'accord	*20 %*

L'ambition de l'Allemagne est de dominer l'Europe.

Plutôt d'accord	*37 %*
Plutôt pas d'accord	*54 %*

L'Allemagne est la principale alliée de la France.

Plutôt d'accord	*61 %*
Plutôt pas d'accord	*28 %*

(complément à 100 % : Ne se prononcent pas)

... aujourd'hui dépassées[9]

Faut-il avoir peur de l'Allemagne ? S'il n'est pas interdit de poser la question – en Allemagne, personne ne se demande s'il faut avoir peur de la France, curieux ... –, il faut constater que les Français, dans leur grande majorité, n'ont pas été troublés[10] par les événements[11] de ces dernières années. Le sondage *(voir ci-dessous)* le confirme[12] : les Allemands ne leur inspirent[13] pas de crainte. (2)

Mais peu d'enthousiasme

L'Allemagne est un pays qui ne fait pas rêver ses voisins. Disciplinée, donneuse de leçons, lourde, sans humour, malade de son passé, ennuyeuse à mourir, voilà comment beaucoup de Français la voient.

Les Allemands sont par principe mal aimés. Au mieux, ils ennuient les Français. Au pire[14], ils les inquiètent. Trop puissants, trop riches, trop nombreux. Tous les prétextes[15] sont bons pour justifier cette méfiance[16].

Nous vantons[17] le « modèle allemand », la réussite économique, l'âme[18] romantique, la solidité des voitures et des machines à laver. Mais malgré les discours enthousiastes des réunions franco-allemandes et malgré l'Europe, l'Allemagne d'aujourd'hui passionne peu les Français.

Pourtant, l'Allemagne ne m'a pas ennuyée un instant. Si certains Allemands correspondent bien au portrait imaginé par les Français, ils sont aussi drôles, bon vivants, démocrates, chaleureux. Heureux aussi, à leur façon. Heureux dans leur engagement contre l'atome, contre l'oubli des victimes du nazisme. Heureux dans leurs efforts pour organiser la vie de leur quartier et celle de leurs enfants. Heureux de leur niveau de vie et de l'harmonie sociale qui existe encore chez eux, malgré les difficultés.

Je leur souhaite, pour le siècle qui s'ouvre, d'oser trouver un peu de bonheur à être allemands, sans gêne ni complexe. (3)

1 Alfred Grosser, *Télérama,* 16 septembre 1992;
2 Manuel Lucbert, *L'Evénement du jeudi,* 30 janvier 1997 (textes abrégés);
3 Pascale Hugues, *Le bonheur allemand,* Le Seuil, Paris 1998 (texte abrégé et légèrement adapté).

1 **contradictoire** widersprüchlich - 2 **la Hongrie** Ungarn - 3 **le redressement** Wiederaufbau - 4 **souligner qc** mettre l'accent sur - 5 **la Communauté** *ici:* l'Europe - 6 **soupçonner** verdächtigen - 7 **en revanche** par contre - 8 **inférieur,e** moins grand - 9 **dépassé,e** ≠ actuel - 10 **troubler** déranger - 11 **un événement** Ereignis - 12 **confirmer** bestätigen - 13 **inspirer** *ici:* donner - 14 **au pire** schlechtestenfalls - 15 **un prétexte** Vorwand - 16 **la méfiance** Misstrauen - 17 **vanter qc** dire du bien de qc - 18 **l'âme** *f* Seele.

Autour des textes

1 a) Relevez dans le premier texte les reproches adressés à l'Allemagne.
b) Dites dans quelle mesure ces reproches sont contradictoires.
2 Analysez la forme et la fonction du premier texte *(voir les conseils donnés aux pages 86-87).*
a) Caractérisez le ton et la langue d'Alfred Grosser.
b) Relevez les figures de style utilisées par l'auteur et expliquez leur fonction.
c) En vous basant sur la forme de ce texte, dites quelles sont les intentions de son auteur.
3 Le sondage CSA a été réalisé cinq ans après la parution du premier texte. Dans quels domaines les opinions ont-elles changé ?
4 Le deuxième texte mentionne des « événements » qui ont eu lieu en Allemagne vers le milieu des années 90 et qui auraient pu troubler les Français (L. 24-27). A votre avis, de quels événements est-il question ?
5 a) D'après l'auteur du troisième texte, pourquoi l'Allemagne passionne-t-elle peu les Français ?
b) Relevez dans la première moitié de ce texte les qualités et les défauts des Allemands vus par les Français. Comparez vos réponses avec la liste que vous avez faite vous-même avant de lire le texte *(exercice 2 a).*
6 a) Personnellement, comment Pascale Hugues voit-elle les Allemands ? Etes-vous d'accord avec elle ?
b) Est-ce que leur manière d'être « heureux à leur façon » correspond à votre propre idée du bonheur ? Justifiez votre réponse.
7 Comment comprenez-vous la dernière phrase du texte ?

Au-delà des textes

- Décrivez et commentez la couverture du magazine *L'Evénement du jeudi* du 30 janvier 1997, ci-dessous. Parmi les opinions exprimées dans les trois textes de gauche, laquelle semble être « confirmée » par cette couverture ?
- *Discussion* : L'Allemagne sur la défensive ? Choisissez un des sujets suivants :
  a) Comment l'Allemagne peut-elle répondre aux reproches de la France et de la Grande-Bretagne (L. 3-13) ?
  b) L'Allemagne est-elle vraiment « malade de son passé », comme le pensent – d'après Pascale Hugues – beaucoup de Français ? (L. 33)
  c) Etes-vous « fier / fière » d'être allemand(e) ? Justifiez votre réponse.
- *Créativité* – En groupes, réalisez une affiche qui invite les Français à découvrir l'Allemagne (p. ex. pour une agence de voyage ou pour un *Goethe Institut).* a) Trouvez un slogan qui attire l'attention ; b) développez quelques arguments originaux ; c) choisissez des photos ou d'autres illustrations.

6 La France et les Français vus d'Allemagne

Avant de commencer

1 Complétez spontanément cette phrase : *Pour moi, la France, c'est le pays de(s) …*
2 Est-ce que, plus tard, vous pourriez (et aimeriez) vivre en France ? Dites pourquoi ou pourquoi pas.

Les valeurs de la France, à leurs yeux ? Son savoir-vivre, sa nature et sa variété[1], sa nourriture et ses vins. Ce qui leur déplaît : les prix trop chers, le peu de souci[2] pour l'écologie, un certain chauvinisme[3] de ces Français qui se prennent pour « la Grande Nation » et s'intéressent si peu à ce qui se passe à l'étranger. *« Les Français sont fiers d'être français, mais si on dit ça, nous, les Allemands, on nous considère aussitôt comme d'affreux nationalistes. »*
Au lycée Goethe, Cornelius et Myriam n'ont rien à faire de la vieille culpabilité[4] allemande. Les Français, estiment-ils[5], n'ont pas de leçons à leur donner. *« Votre période coloniale n'était pas non plus une partie de campagne, non ? Quant à la xénophobie[6], il y en a autant chez vous qu'en Allemagne, mais on n'en parle pas. »*
La France est un pays comme les autres, en somme, où ces jeunes pourraient éventuellement vivre, pourquoi pas, mais pas plus là qu'ailleurs. De toute façon, concluent-ils[7] en chœur[8], c'est pur hasard[9] d'être né français ou allemand. Il n'y a pas de raison d'en être fier, ni d'en avoir honte[#].
Karl Moersch, qui a vécu, comme ancien secrétaire d'Etat aux Affaires étrangères, les grandes années du couple franco-allemand, s'inquiète. *« Ces jeunes ne mesurent absolument pas le chemin parcouru[10]. L'Europe, à leurs yeux, est avant tout un ensemble économico-touristique à l'intérieur duquel la France n'est qu'un partenaire parmi d'autres. »* Même constat[11] dans le domaine culturel. *« La culture française n'est plus prioritaire en Allemagne. L'intérêt moyen pour la France a baissé. Pour la majorité des Allemands d'aujourd'hui, la France n'a plus rien d'exotique. Pour l'exotisme, ils vont au Mexique ou à Ceylan.»*

Dominique Audibert, *Le Point*,
25 septembre 1993 (texte abrégé).

Autour du texte

1 Expliquez :
a) le savoir-vivre (L. 2) ; b) la Grande Nation (L. 6).
2 Faites deux listes :
a) les qualités et b) les défauts
des Français tels qu'ils sont vus par les Allemands, daprès le texte de Dominique Audibert.
Si possible, complétez ces listes par d'autres aspects que vous trouvez positifs ou négatifs.
3 Comment Cornelius et Myriam se défendent-ils contre ceux qui accusent les Allemands de nationalisme ?
4 a) De quoi Karl Moersch s'inquiète-t-il, concrètement ?
b) D'après vous, pourquoi est-ce que « *l'intérêt moyen pour la France a baissé* » (L. 34-35) ?

« Les Allemands voudraient que nous les aimions : nous nous contentons[12] de les admirer ; nous voudrions que les Allemands nous admirent : ils se contentent de nous aimer. »

Jacques Julliard, *Le Nouvel Observateur*,18 juillet 1990.

● *Commentaire* – Expliquez la citation de Jacques Julliard. A partir d'exemples concrets et du contenu des deux derniers textes (5 et 6), prenez position pour ou contre cette façon de voir les relations franco-allemandes.

---

1 **la variété** ≠ la monotonie - 2 **un souci** Sorge - 3 **le chauvinisme** le fait de considérer son pays comme le meilleur - 4 **la culpabilité** → coupable - 5 **estimer** penser - 6 **la xénophobie** la haine vis-à-vis des étrangers - 7 **conclure** abschließen - 8 **en chœur** [kœʀ] *(m)* ensemble - 9 **le hasard** Zufall - 10 **parcourir** zurücklegen - 11 **un constat** Feststellung (→ constater) - 12 **se contenter de qc** sich mit etw. begnügen.

7 Europe Babel

Avant de commencer

1 Décrivez le dessin ci-contre et expliquez le jeu de mot utilisé.
2 Que savez-vous sur Babylone (Babel) ? Qu'est-ce que vous associez avec le titre ?
3 Ecoutez la chanson une première fois sans regarder le texte écrit. De quoi parle-t-elle ?

Europe Babel, Europe ma belle
Que tes langues, que tes langues toujours
Que tes langues chantent des mots d'amour

Je suis un Aquitain[1] qui habite Lutèce[2]
L'Europe c'est mon camp, la France c'est mon nid[3]
Je suis résolument pour tout ce qui progresse
A condition bien sûr d'en être pas puni
Cette Europe nouvelle est une vieille lune[4]
Aucun homme d'ici n'a mis le pied dessus
Tables rondes, discours, déclarations communes
« Je te reçois, tu me reçois, on s'est reçu ...»
Europe Babel, Europe ma belle ...

Mon fils la verra-t-il, cette Europe qui chante ?
Quelle langue d'ailleurs lui faudra-t-il chanter ?
Si chacun y est roi, qui seront les servantes[5] ?
A qui la tête haute, à qui le dos voûté[6] ?
Que les raisons d'Etats[7] rêvent d'états de grâce[8],
On peut toujours rêver; quelle affiche en tous cas
Si Molière, Shakespeare et Goldoni s'embrassent
En récitant des vers de Goethe et de Lorca
Europe Babel, Europe ma belle ...

I love you, je t'aime, ti amo, je t'aime
Ich liebe Dich, ich liebe Dich, je t'aime
Que tes langues chantent des mots d'amour

Cette Europe Babel, je la rêve espérance
Une ronde[9] d'enfants joyeusement unis
Autour d'un Père Noël dont le nez est la France
Qui danse sur la mer en botte[10] d'Italie
Je la vois dans l'habit d'un Arlequin immense
Un vitrail[11] où toujours le soleil resplendit[12]
Ce serait comme vivre une nouvelle enfance
Si l'Europe Babel est comme je le dis
Europe Babel, Europe ma belle ...

I love you, je t'aime, ti amo, je t'aime
Ich liebe Dich, ich liebe Dich, je t'aime
Que tes langues chantent des mots d'amour
Europe Babel, Europe ma belle ...

Paroles de Serge Lama,
musique de Yves Gilbert

Autour du texte

1 a) Qu'est-ce qu'on apprend sur le chanteur dans la première strophe ? Expliquez le deuxième vers.
b) Recherchez dans un dictionnaire unilingue les différents sens du verbe *recevoir* et dites comment on peut interpréter la ligne 11.
2 a) Quelles inquiétudes le chanteur exprime-t-il dans la deuxième strophe ?
b) Qui sont Goldoni, Garcìa Lorca et les autres personnes mentionnées aux lignes 19 et 20 ? Expliquez le sens de ces lignes.
3 Strophe 3 : Comment le chanteur voit-il l'Europe ? Est-il plutôt optimiste ou plutôt pessimiste ?
4 Quel souhait exprime-t-il dans le refrain ?
5 Relevez les figures de style utilisées par Serge Lama et dites quelle fonction elles ont dans leur contexte.
(Pour les figures de style et leur fonction : voir la page 87.)

(Au-delà du texte : voir page suivante.)

1 **un Aquitain** un habitant de l'*Aquitaine* (région du sud de la France) - 2 **Lutèce** ancien nom de Paris - 3 **un nid** Nest - 4 **une vieille lune** *fam* ein alter Hut - 5 **une servante** Dienerin (→ servir) - 6 **voûté, e** *ici:* gebeugt - 7 **la raison d'Etat** la priorité des intérêts de l'Etat - 8 **un état de grâce** Zustand der Gnade - 9 **une ronde** Reigen - 10 **une botte** Stiefel - 11 **un vitrail** [vitRaj] une fenêtre d'église colorée - 12 **resplendir** briller - 13 **à la rigueur** zur Not - 14 **la cohésion** Zusammenhalt.

Au-delà du texte

- *Discussion* – Choisissez un des sujets suivants :
  a) A l'époque de la mondialisation, il suffit d'apprendre l'anglais, pensent certaines personnes. Ont-elles raison ou pas ?
  b) Que pensez-vous des propositions formulées par C. Hagège en 1992 (ci-contre) ?
  c) Hagège dit que « *la diversité des langues et des cultures fonde la cohésion* » de l'Europe. Etes-vous d'accord ou pas avec cette opinion ? Dites pourquoi.
- *Créativité* – Pourquoi apprendre le français ? En groupes, rassemblez toutes les raisons possibles et plus ou moins « sérieuses » ou humoristiques. Choisissez ensuite les cinq raisons que vous trouvez les plus originales, puis regroupez-les sur une affiche que vous décorerez avec des photos ou des dessins.

Claude Hagège, professeur en linguistique et auteur de nombreux livres sur les langues, conseille aux jeunes Français « *le russe ou l'allemand en première langue. Ou encore le japonais, le chinois, l'arabe. En second lieu, l'espagnol ou le portugais, à la rigueur*[13] *l'anglais.* »
Il s'en explique dans une interview à *L'Express* : « *L'influence quotidienne de l'anglais est suffisamment forte pour que l'école n'ait pas à la renforcer. Après tout, l'Europe a aussi ses propres cultures, ses traditions, sa musique, son folklore. Dans ce vieux continent, c'est la diversité des langues et des cultures qui fonde la cohésion*[14]. »

(cité dans *L'Express*, 11 décembre 1992)

8 Qu'est-ce que l'Europe ?

Avant de commencer

1 Répondez à la question posée par le titre : *Pour moi, l'Europe, c'est d'abord ...*
2 Est-ce que l'union de l'Europe vous a apporté quelque chose de positif, dans votre vie de tous les jours ? Si oui, quoi ?

Extraits d'un sondage de l'institut CSA réalisé en juin 2000 en France et publié dans le journal Libération *le 26 juin 2000.*

Face à la construction de l'Europe, êtes-vous d'une manière générale ...?

Enthousiaste	12
Favorable	47
Sceptique	35
Opposé	6
NSP[1]	-
Total (%)	100

Pour vous, qu'est-ce que l'Europe ?

	en %*
Le maintien[2] de la paix en Europe	55
La défense des droits de l'homme	42
Un contrepoids[3] à la puissance américaine	36
Un modèle économique et social	35
Le souci de l'environnement	27
La garantie d'éviter de trops fortes inégalités sociales	23
Un espace d'intégration des peuples	22
Une même culture	15
Le refus[4] des pays avec des ministres extrémistes	14
Un même président élu par tous les Européens	13
Ne se prononcent pas	3

(*Total supérieur à 100 % en raison des réponses multiples)

Pensez-vous que l'unification politique et économique de l'Union européenne devrait être accélérée[5] ou ralentie[6] ?

Accélérée	70
Ralentie	25
NSP	5
Total (%)	100

	La mise en place de l'euro	L'élargissement de l'Europe
Favorable	65	62
Opposé	33	36
NSP	2	2
Total (%)	100	100

Autour et au-delà des sondages

- *Discussion –* Faites deux groupes et rassemblez tous les arguments que peuvent avoir les « euro-sceptiques » (groupe A) et tous ceux des « euro-enthousiastes » (groupe B). Organisez un débat.
- *Commentez le dessin –* Décrivez d'abord la mère (De quel milieu social vient-elle ?), puis ses enfants (Qu'est-ce qui vous frappe ?). A votre avis, qu'est-ce que le dessinateur cherche à mettre en évidence ?
- *Créativité –* Comment aimeriez-vous voir l'Europe de demain ? Présentez votre vision sous une forme aussi originale que possible : collage, dessin, texte de rap, poème, charte, lettre ouverte (à qui ?), etc.
- *Projet 1 –* Organisez, vous aussi, un sondage sur l'Europe.
  a) Préparez un questionnaire. (Vous pouvez traduire en allemand toutes les questions et les réponses possibles du sondage CSA. Vous pouvez aussi ajouter d'autres questions.)
  b) Faites remplir votre questionnaire par le plus grand nombre possible de personnes (d'autres élèves de votre lycée, vos professeurs, vos amis, votre famille, vos voisins, etc.) Notez l'*âge* des personnes interrogées.
  c) Rassemblez vos résultats sous forme de tableaux, puis comparez les réponses des Allemands à celles des Français du sondage CSA. Essayez d'expliquer les différences et /ou les ressemblances que vous constatez. (Vous pouvez aussi comparer les réponses des jeunes Allemands à celles des adultes.)
- *Projet 2 –* En groupes, recherchez des informations sur
  a) l'*histoire* de la construction européenne (les grandes dates, les traités, les pays membres) ;
  b) les *institutions* de l'Union européenne (leurs principaux pouvoirs, leur fonctionnement, leurs relations les unes avec les autres). Présentez vos résultats sous forme de graphique en grand format.
  (Prenez comme point de départ les informations du glossaire, p. 125, puis complétez-les à l'aide d'une encyclopédie, du *Quid* ou d'Internet.)

---

1 **NSP** ne sait pas - 2 **le maintien** Erhalt (→ maintenir) - 3 **un contrepoids** Gegengewicht (→ un poids) - 4 **le refus** Ablehnung (→ refuser) - 5 **accélérer qc** rendre qc plus rapide - 6 **ralentir** ≠ accélérer (→ lent).

9 Donner à l'Europe sa vraie dimension

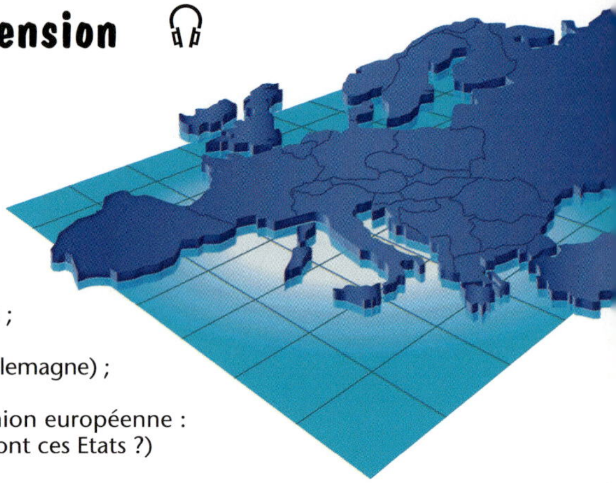

Avant de commencer

Les « dimensions de l'Europe » :
choisissez la bonne réponse.

- Le nombre d'Etats de l'Union européenne :
  a) 9 ; b) 12 ; c) 15 ; d) 17.
- Sa superficie : a) 2 150 000 km² (~ 6 fois l'Allemagne) ;
  b) 3 250 000 km² ; c) 4 350 000 km².
- Sa population : a) 250 millions d'habitants (~ 3 fois l'Allemagne) ;
  b) 375 millions ; c) 500 millions.
- Le nombre d'Etats qui ont demandé à entrer dans l'Union européenne :
  a) 6 ; b) 9 ; c) 13 ; d) 18. (Savez-vous quels sont ces Etats ?)

Le 14 décembre 1999, le président de la République Jacques Chirac a inauguré[1] les nouveaux bâtiments du Parlement européen de Strasbourg. Extraits de son discours.

Mesdames et Messieurs les députés, nous devons être capables de donner à l'Europe sa vraie dimension.

Il nous faut édifier[2] une Europe citoyenne[3], dont chacun se sente petit à petit acteur. Bâtir[4] une identité commune, dans le respect des identités nationales. Dans le respect des peuples qui composent[5] l'Union, dans le respect de leurs langues, de leurs cultures.

Nous devons réussir la construction de cette grande maison commune où chacun doit néanmoins[6] se sentir chez lui. Une maison où tous vivent ensemble, solidairement, mais où chacun garde ses repères[7] familiers.

La citoyenneté[8] européenne, c'est un même attachement[9] à nos identités, à nos histoires, une longue tradition de correspondances[10] entre nos cultures nationales, nos penseurs, nos artistes. Bref[11], à tout ce qui fonde notre civilisation européenne. C'est cette Europe-là que nous devons faire vivre et grandir pour faire aimer l'Europe.

Et d'abord, par notre jeunesse. Voilà pourquoi la France fera de l'éducation et des savoirs[12], des échanges entre universitaires et laboratoires, une priorité de sa présidence. Pour permettre aux jeunes, étudiants, chercheurs ou techniciens, jeunes diplômés en quête[13] d'emploi ou jeunes travailleurs, d'ouvrir leur horizon à l'Europe toute entière. Nous devons aider les nouvelles générations à forger[14] leur conscience européenne.

Avant d'ouvrir sa porte, l'Union devra réformer ses institutions. Et le défi[15] est considérable[16] : comment faire vivre une communauté de peuples aussi différents par leur niveau de vie mais aussi par leur expérience de la construction européenne ?

Cette Europe qui s'élargit[17] et qui s'approfondit doit progressivement assumer toutes ses responsabilités[18] sur la scène du monde. Les Européens le souhaitent. Ils veulent une Europe puissante. Une Europe capable d'apporter toute sa contribution à la construction d'un monde prospère[19] et en paix. Une Europe qui s'affirme comme l'un des pôles majeurs[20] de l'équilibre[21] mondial.

Ainsi[22] va l'Europe. Plus vite et plus loin qu'on ne le dit. Le XXIe siècle verra, j'en suis sûr, l'affirmation[23] d'une Europe humaniste et prospère, puissante et pacifique, au premier rang des acteurs de la scène mondiale. Oui le XXIe siècle doit être, et sera, celui d'une renaissance européenne.

---

1 **inaugurer** einweihen - 2 **édifier** construire - 3 **une Europe citoyenne** *etwa:* ein Europa der Europäer - 4 **bâtir** construire (un bâtiment) - 5 **composer** *ici:* former - 6 **néanmoins** pourtant - 7 **un repère** Orientierungspunkt - 8 **la citoyenneté** (Staats)Bürgerschaft - 9 **l'attachement** *m* Festhalten - 10 **une correspondance** *ici:* un rapport, une relation - 11 **bref** kurz(um) - 12 **le savoir** tout ce qu'on sait - 13 **en quête de** à la recherche de - 14 **forger** schmieden - 15 **un défi** Herausforderung - 16 **considérable** énorme - 17 **s'élargir** devenir plus grand (→ large) - 18 **assumer une responsabilité** Verantwortung übernehmen - 19 **prospère** riche - 20 **majeur,e** principal - 21 **un équilibre** Gleichgewicht - 22 **ainsi** so - 23 **l'affirmation** *f* *ici:* Festigung (→ s'affirmer).

Les nouveaux bâtiments du Parlement européen, à Strasbourg

Autour du texte

1 D'après Chirac, deux choses importantes restent à faire pour donner à l'Europe sa « vraie dimension ». Lesquelles ?
2 a) Comment le président de la République définit-il la citoyenneté européenne ?
  b) Comment veut-il donner une « conscience européenne » aux jeunes ?
3 Concrètement, en quoi consiste le défi mentionné à la ligne 33 ?
4 Quelle vision de l'Europe Jacques Chirac présente-t-il à la fin de ce texte ?
5 Analysez la forme et la fonction du texte *(voir les conseils donnés aux pages 86-87)* :
  a) Quelles sont les deux figures de style les plus utilisées dans ce discours ? Relevez plusieurs exemples et dites quel est l'effet recherché.
  b) Caractérisez en quelques mots la perspective, le ton d'ensemble et la langue utilisée.
  c) A votre avis, quelle est la fonction principale de ce discours ?

Au-delà du texte

- *Internet* – Visitez le site du Parlement européen (http://www.europarl.eu.int/home/default_fr.htm) ainsi que d'autres sites qui présentent les institutions européennes (p. ex.: http://www.europa.eu.int/index-fr.htm ou http://www.chez.com/bibelec/publications/droit/parleurop.htm).
  a) Informez-vous sur la composition, l'organisation, les fonctions et pouvoirs du Parlement européen.
  b) Présentez en quelques mots un des dossiers sur lequel le Parlement européen travaille actuellement.
  c) Quels sont les Etats qui sont candidats à l'entrée dans l'Union européenne depuis plus de 10 ans ?
- *Créativité* – « L'union fait la force. » Trouvez quelques symboles (ou situations-types) qui pourraient illuster ce thème. A partir d'un ou de plusieurs de ces symboles, esquissez soit une série de timbres, soit un nouveau drapeau pour l'Union européenne.

Stratégies Apprendre le vocabulaire

A quoi ça sert ?

Cela sert à mettre en mémoire les éléments de la langue qui permettent de s'exprimer plus facilement en français. Un mot est « appris » quand il reste en tête et qu'on peut le retrouver spontanément et sans effort. Certaines techniques peuvent vous aider à apprendre « intelligemment » le vocabulaire et à le retenir plus longtemps.

I Comment travailler avec un fichier ?

1 Achetez ou construisez un fichier (une boîte d'environ 30 cm de long, *voir ci-dessous, à gauche)* et rassemblez une série de fiches de format DIN-A7 (7,4 x 10,5 cm).

2 Pour *chaque* nouveau mot à apprendre, rédigez une fiche *(exemple ci-dessous, à droite) :*
- a) Notez d'un côté le mot français, de l'autre sa signification en allemand.
- b) Du côté « français » mentionnez, si possible, plusieurs des éléments suivants :
  - = un **synonyme** et / ou ≠ un **antonyme** ;
  - → des mots de la **même famille** que vous connaissez déjà ;
  - → des **collocations** ou « expressions toutes faites » ou une phrase-**exemple** courte ;
  - = des mots anglais ou latins qui ressemblent au mot nouveau et ont la *même* signification ;
  - !!! des mots qui ressemblent au mot nouveau mais qui ont une signification *différente.*
- c) Mettez les nouvelles fiches dans le 1er compartiment de votre fichier.

3 Avant que le 1er compartiment du fichier ne soit plein, apprenez son contenu :
- a) A partir du mot allemand, recherchez dans votre mémoire le mot français correspondant.
- b) Vérifiez votre réponse puis relisez les éléments ajoutés en dessous du mot français.
- c) Les fiches des mots que vous connaissiez passent dans le 2ème compartiment, les autres retournent dans le premier compartiment (en dernière place).

4 Avant que le 2ème compartiment ne soit plein, révisez son contenu (les fiches des mots que vous connaissiez vont dans le compartiment suivant, les autres retournent dans le premier).

5 Faites la même chose avec les 3ème et 4ème compartiments pour réviser leur contenu. Après cela, le 5ème compartiment contiendra tous les mots que vous avez vraiment retenus, le 1er compartiment toutes les « fiches à problèmes » (s'il en reste).

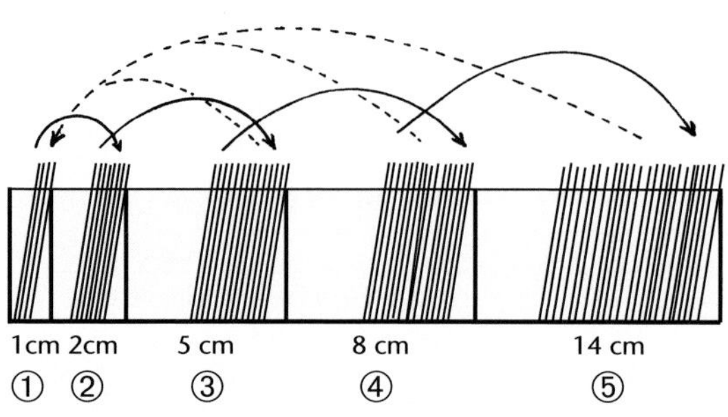

permettre
qc à qn / à qn de faire qc

=	autoriser
≠	interdire, défendre
→	une permission
→	un permis (de conduire)
!!!	promettre

A vous !

Rédigez quatre fiches correspondant aux mots : *mentir, se confier, un ami, une apparence.*

II Autres méthodes : Comment s'y prendre ?

1 Regroupez le vocabulaire en **champs thématiques** *(Sachfelder)*.
   a) Utilisez un classeur ou un cahier à feuilles mobiles *(Ringbuch)* de format DIN-A4 ou A5. Chaque page doit rassembler le vocabulaire d'*un* seul champ thématique.
   b) Divisez chaque page en *trois colonnes* : une pour les noms, une pour les verbes, une pour les autres catégories de mots et les locutions. Dans chaque colonne, notez d'abord le mot français puis sa signification en allemand. (Vous pouvez aussi introduire des schémas ou des petits dessins, si cela vous aide à mieux retenir certains mots.)
   c) *Complétez* régulièrement vos champs thématiques en y inscrivant tous les mots nouveaux à la page et dans la colonne concernées.

2 Apprenez ou révisez votre vocabulaire à l'aide de **filets de mots**.
   a) Au milieu d'une grande feuille de papier, notez le sujet ou le *thème central*.
   b) Autour de ce mot, regroupez tous les *sujets secondaires* qui sont en rapport avec ce thème.
   c) Autour de chaque sujet secondaire, rassemblez tous les *mots* et toutes les *notions* qui se rapportent à ce sujet. (Continuez ainsi avec chaque notion, jusqu'à ce que vous ne trouviez plus d'autre mot se rapportant au thème traité.)

3 Utilisez les instruments proposés dans le commerce ou sur Internet (demandez à votre professeur de vous conseiller) :
   – les *vocabulaires thématiques*, classés (entre autres) par champs thématiques ;
   – les *CD-ROM d'entraînement au vocabulaire* ;
   – les *programmes d'apprentissage* et les *tests* de vocabulaire sur Internet.

Exemple de filet de mots : l'habillement

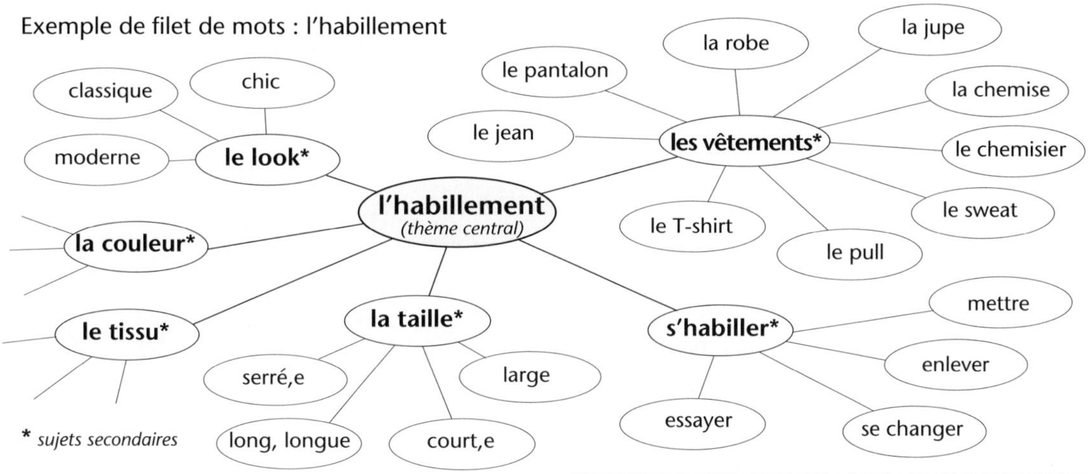

* *sujets secondaires*

A vous !

1 Regroupez en trois colonnes le vocabulaire du champ thématique « les aliments ».
   a) Commencez par noter tous les mots que vous connaissez déjà.
   b) Ajoutez-y les autres mots que vous trouverez dans le texte 5 de la page 16.

2 Construisez trois filets de mots :
   a) autour du thème « l'alimentation » ;
   b) autour du thème « le temps » ;
   c) autour du thème « la famille ».

Quelques derniers conseils

- Apprenez vos mots en les plaçant dans un **contexte** / une situation précise.
- Récitez votre vocabulaire **à voix haute**.
- Apprenez et révisez **régulièrement**, mais pas trop à la fois. (10 minutes par jour sont plus efficaces qu'une heure par semaine !)
- Notez les mots importants mais difficiles à retenir sur des bouts de papier et placez ces papiers là où vous les voyez souvent.

Stratégies La compréhension orale

A quoi ça sert ?

Ecouter les informations à la radio, réagir correctement à une question qu'un Français vous pose dans la rue, analyser un discours ou une chanson demandent des approches différentes de celles que vous avez pour les textes écrits. Pour chaque type de situation, vous pouvez développer des stratégies qui vous permettront de comprendre l'*essentiel* du message oral.

La communication orale : trois types de situations

- Le dialogue « **en direct** » – Un(e) francophone vous dit ou vous demande quelque chose. Si vous ne comprenez pas, le plus simple est de lui demander de répéter ou d'expliquer ce que vous n'avez pas compris (et de parler plus lentement).
- Le message authentique **unique** – C'est un texte parlé, lu ou chanté une seule fois par quelqu'un que vous ne pouvez pas interrompre (tout ce que vous pouvez entendre directement à la radio, par exemple). Essayez alors de retrouver le *sens global* du texte et d'identifier pour cela les *mots-clés* et les informations *principales.* Ne cherchez surtout pas à comprendre *tous* les détails !
- Le texte **enregistré** sur cassette, CD ou vidéo et qu'on peut écouter plusieurs fois.
  C'est à ce troisième type de situation que se rapportent les conseils donnés ci-dessous. En suivant ces conseils, vous développerez peu à peu vos capacités à comprendre plus facilement *tous* les textes oraux.

Comment s'y prendre ?

1 *Avant l'audition :*
Si vous avez déjà des informations sur le titre, le contexte ou l'auteur du texte, « préparez-vous » en faisant rapidement quelques *hypothèses* (p. ex.: Quel genre de texte allez-vous entendre ? De quoi sera-t-il question ? Quel genre de langue ou de vocabulaire sera utilisé ? etc.)

2 *Première audition :*
- Identifiez le sujet général et la ou les personnes qui s'expriment : **Qui** parle et **de quoi** ?
- Notez les **mots-clés** et les expressions qui reviennent plusieurs fois dans le texte.
- Essayez de retenir ou de noter plusieurs des **informations** que vous trouvez importantes.
- Faites attention à la **façon de parler** : le ton et les variations de la voix permettent quelquefois de faire la différence entre les affirmations importantes et les autres.
- N'essayez pas de *tout* comprendre tout de suite !

3 *Avant l'audition suivante :*
- Vous avez certainement compris une partie du texte :
  A l'aide de votre mémoire, complétez et / ou **précisez** vos notes.
- Vous n'avez pas encore compris certains passages du texte :
  Formulez des **hypothèses** ou des questions au sujet de ces passages.

4 *Audition(s) suivante(s) :*
- Concentrez-vous sur les passages que vous n'aviez pas encore compris et **vérifiez** (ou corrigez) les hypothèses que vous aviez faites à ce sujet.
- Après la dernière audition, regroupez et **classez** vos notes dans un ordre (chrono)logique.

Quelques « cas particuliers »

1 Textes **audio-visuels** :
Ce sont par exemple des extraits d'émissions de télévision, de films ou autres vidéos et documents contenant des images. Dans ces cas, les informations visuelles peuvent souvent vous aider à mieux comprendre le message oral.

2 Textes de **chansons** :
Les chansons ne sont pas toujours plus difficiles à comprendre que les textes parlés ! Elles peuvent même être plus faciles si le rythme est lent, l'interprétation claire et l'accompagnement musical discret. Deux autres avantages et un inconvénient :
- Certaines « informations » importantes sont placées dans le refrain, qui est chanté plusieurs fois.
- Le schéma des rimes permet quelquefois de deviner certains mots qu'on a mal compris.
- La construction des phrases est quelquefois différente de celle des textes parlés ou écrits.

3 Textes avec **bruits de fond** :
Ce sont par exemple des interviews réalisées dans la rue avec des bruits de circulation ou bien des documents historiques de mauvaise qualité technique.
- Les bruits de fond peuvent, dans certains cas, aider à mieux situer le contexte de l'interview mais ils gênent toujours la compréhension : Il faut apprendre à « filtrer » le texte en se concentrant sur les paroles et en essayant de ne pas écouter ces bruits (c'est plus facile à dire qu'à faire ...)
- Dans tous les cas, il faut essayer de régler la fréquence du lecteur de cassette ou de CD de manière à ce que les bruits de fond gênent le moins possible la compréhension du texte.

Quelques derniers conseils

- **Pas de panique** si vous n'avez pas compris tous les détails du texte ! L'essentiel est d'avoir compris les points les plus importants.
- Si c'est possible, travaillez **en groupes** :
  Après la première audition, comparez vos notes avec celles de vos camarades.
- Ecoutez la **radio** francophone ou des cassettes et des CDs de **chansons** françaises le plus souvent possible : même si vous ne comprenez qu'une petite partie de ce que vous entendez, cela permet, avec le temps, d'améliorer votre compréhension.

Stratégies Bien rédiger vos textes

A quoi ça sert ?

Un « bon » texte est un texte qu'on *comprend* bien et qu'on a *plaisir* à lire. Cela dépend surtout du contenu, bien sûr, mais aussi de la forme : Un « bon » texte est un texte *bien structuré* à la langue *claire* et *variée.* Vous trouverez ici des conseils pour améliorer 1) la structure et 2) la langue de vos textes.

I Comment s'y prendre pour structurer son texte ?

1 Rassemblez vos idées et faites un **PLAN** *(voir ci-contre).*
  a) Votre texte doit avoir **trois parties** principales : l'introduction, le développement et la conclusion.
  b) Divisez votre **développement** en plusieurs paragraphes
    – qui contiennent chacun *une* idée générale, *un* argument ou *un* groupe d'arguments et
    – qui forment une **progression logique.** *

2 Reliez les parties de votre texte par des « **CHARNIÈRES** » (ou formules de transition) choisies en fonction des *relations* que ces parties ont entre elles :
- Contiennent-elles des éléments, idées ou arguments ...
  ... qui *se suivent* (sans dépendre les uns des autres) ?
  ... qui *s'opposent* ? ... qui *se complètent* ?
- Si ces éléments ou idées se complètent, s'agit-il ...
  ... d'une *explication* ? ... d'une *comparaison* ?
  ... d'un *nouvel* aspect ?

Le plan

Introduction
Quelques phrases pour présenter le sujet.

Développement
- Idée ou argument 1
- ↕ *Charnière / Transition 1*
- Idée ou argument 2
- ↕ *Charnière / Transition 2*
- ....
- ↕ *Charnière / Transition X*
- Idée ou argument Y.

Conclusion
Le « bilan » de vos idées et / ou votre jugement.

* Le nombre des paragraphes, leur longueur et leur ordre dépendent du *sujet* (et de vos connaissances), mais aussi du *genre de texte* que vous devez écrire : lettre, compte-rendu, résumé, commentaire, etc.

Les « charnières » les plus courantes

Suite d'éléments plus ou moins indépendants :	*Opposition :*	*Explication :*	*Comparaison :*
– pour commencer,	– mais	– car	– de même,
– (tout) d'abord,	– pourtant, / cependant,	– parce que	– comparé à
– premièrement, deuxièmement *(etc.)*	– malgré (cela,)	– puisque	– en comparaison avec
– puis	– bien que *(+ subj.)*	– comme	– à la différence de
– ensuite,	– tandis que *(+ ind.)*	– pour cette raison,	*Aspect nouveau :*
– après (cela),	– alors que *(+ ind.)*	– ainsi,	– de plus,
– enfin,	– par contre,	– par conséquent,	– en outre,
– pour terminer,	– d'une part,d'autre part,	– c'est pourquoi	– ajouté à cela,
	– d'un côté, de l'autre,	– en effet,	– il faut ajouter
	– au contraire,	– pour que	– à part cela,
	– en revanche,	– de manière que	

A vous !

1 Relevez, dans l'un des textes de ce livre que vous avez déjà lus en classe, les charnières que vous y trouverez puis classez ces charnières par « type » d'utilisation (opposition, comparaison, etc.)
2 Reliez les paires de phrases suivantes à l'aide d'une « charnière » (plusieurs solutions possibles).
  a) Nadège voulait que son frère ait son bac. Elle l'a aidé à réviser.
  b) Jean-Marie prétend qu'il n'est pas raciste. Il aimerait renvoyer tous les Arabes dans leur pays.
  c) Marius a pris son déjeuner. Il a fait une petite sieste.
  d) Il n'est pas en forme. Il a mal dormi la nuit dernière.
  e) Les voitures électriques polluent moins. Elles font moins de bruit que les autres.
3 a) Choisissez un des thèmes ci-dessous puis rassemblez les idées que vous avez sur le sujet.
  A – A votre avis, doit-on permettre le clonage des êtres humains ?
  B – Le mensonge peut-il être « moralement » justifié ?
  C – Apprendre le français est-il une nécessité ou un luxe inutile ?
  b) Classez ces idées / vos arguments puis faites le plan d'un texte écrit sur le sujet (le développement doit avoir plusieurs parties). Mais ne *rédigez* pas un texte complet !
  c) Choisissez les charnières que l'on pourrait utiliser pour passer d'une partie du texte à une autre.

II Comment s'y prendre pour s'exprimer de manière claire, mais variée ?

Au niveau des mots :
a) Utilisez des **mots courants**, qui désignent des choses ou des notions précises.
b) Remplacez les énumérations par des mots qui ont un sens plus général (ou l'inverse, pour varier !)

Au niveau des phrases :
1 Faites des **phrases simples**, mais correctement reliées entre elles *(voir les charnières).*
2 Utilisez des **appositions** pour remplacer certaines propositions relatives ou des phrases qui contiennent le verbe « être ».
3 Utilisez le **participe passé** pour remplacer des relatives et certaines subordonnées *(Nebensätze)* causales ou temporelles.
4 Utilisez de temps en temps le **gérondif** pour remplacer des subordonnées temporelles, modales ou conditionnelles *(... mais seulement de temps en temps).*
5 Utilisez l'**infinitif** pour remplacer certaines subordonnées temporelles ou finales.

N'écrivez pas :	**Ecrivez plutôt :**
(a) Dans son *texte,* X *dit* ...	→ Dans son *article,* X *critique/démontre/affirme* ...
(b) son *père,* sa *mère* et ses *sœurs*	→ sa *famille*
(1) Il a fait l'expérience que, dans toutes les entreprises où il s'est présenté, les patrons n'ont pas voulu de lui. Pourtant, il avait les diplômes qu'ils demandaient pour cet emploi.	→ Bien qu'il aît les diplômes demandés, aucune entreprise ne l'a embauché.
(2) De Gaulle, *qui était* le premier président de la 5ᵉ République, est l'un des « pères » de l'Europe.	→ De Gaulle, premier président de la 5ᵉ République, est l'un des « pères » de l'Europe.
(3) C'est une forme *qu'on utilise* pour abréger les textes.	→ C'est une forme *utilisée* pour abréger les textes.
(4) *Quand ils ont entendu* cela, ils ont décidé de ...	→ *En entendant* cela, ils ont décidé de ...
Si tu faisais plus attention, tu pourrais ...	→ *En faisant* plus attention, tu pourrais ...
(5) Avant *qu'il devienne* directeur, il était ...	→ Avant *de devenir* directeur, il était ...

A vous !

1 Lisez la phrase suivante, qui est longue, complexe et peu « élégante » :
Bien que les agriculteurs de la communauté européenne, à qui de nombreuses personnes reprochent souvent d'utiliser plus qu'il n'est nécessaire des fertilisants d'origine chimique, produisent du maïs et du blé en abondance, bon nombre de pays du Tiers-monde manquent encore de ce genre de produit.
a) Remplacez les mots qui vous semblent peu courants par d'autres mots plus simples ou plus précis (si nécessaire, utilisez un dictionnaire unilingue).
b) Transformez cette phrase pour en faire un texte plus court et plus clair (plusieurs solutions sont possibles et vous pouvez faire *plusieurs* phrases).

Pour chacune des phrases suivantes, dites avant de la transformer s'il s'agit d'une proposition *relative* ou d'une proposition subordonnée *temporelle, causale, finale, modale* ou *conditionnelle.*

2 Utilisez des <u>appositions</u> pour remplacer les phrases ou parties de phrases en italique.
a) La Bretagne, *qui est une des plus belles régions françaises,* a déjà été touchée plusieurs fois par la marée noire.
b) L'Erika a coulé près des côtes bretonnes : *c'était un vieux pétrolier italien.*
c) Beaucoup de jeunes sont partis nettoyer les plages. *C'étaient pour la plupart des lycéens ou des étudiants.*

3 Remplacez les subordonnées en italique par des constructions contenant un <u>participe passé</u>.
a) Un élève a été renvoyé du lycée *parce qu'il était accusé d'avoir volé de l'argent.*
a) *Quand ils sont arrivés sur les lieux*, les gendarmes ont constaté qu'il n'y avait plus personne.
c) *Comme il est parti trop tard,* il a raté le début du film.

4 Remplacez les subordonnées imprimées en italique par des constructions contenant un <u>gérondif</u>. (Pour réviser le gérondif : voir *Etudes Françaises - Grundgrammatik, Neubearbeitung,* §§ 171 à 173.)
a) *Quand ils ont vu l'Erika qui coulait,* beaucoup de gens ont compris que c'était une catastrophe.
b) *Quand on roule en voiture électrique,* on réduit la pollution.
c) On rendrait service à la planète *si on consommait moins d'énergie.*

5 Remplacez les parties de phrase en italique par des constructions <u>infinitives</u>.
a) *Après qu'ils ont nettoyé leurs plages,* les Bretons ont espéré que les touristes reviendraient.
b) Mais *avant qu'ils ne reviennent en Bretagne,* les touristes ont voulu avoir des garanties.
c) *Pour qu'une telle catastrophe soit évitée à l'avenir,* il faut des mesures de sécurité plus sévères.

6 A partir des idées que vous avez rassemblées autour du sujet A, B ou C pour l'exercice 3, p. 113, rédigez un texte complet d'environ une page. (Suivez les conseils données dans ces trois pages !)

Quelques derniers conseils

- Ecrivez directement **en français**, ne « traduisez » pas votre texte de l'allemand (et utilisez un dictionnaire unilingue).
- Soyez **logique** et restez **simple.**
- **Variez** vos expressions.
- **Relisez** toujours votre texte, pour vérifier que vous n'avez pas fait de fautes. Contrôlez surtout
  - les accords (sujet / verbe, participe passé avec *avoir* et *être)* ;
  - la concordance des temps (entre principale et subordonnée) ;
  - l'emploi du subjonctif.

Stratégies Communiquer par lettre et téléphone

A quoi ça sert ?

Communiquer sert à faire passer un « message » – important ou non – à quelqu'un. Mais pour que le message passe bien, il y a des formes à respecter, qui sont différentes d'un pays à un autre. C'est le cas pour les conversations téléphoniques et les lettres.

Comment s'y prendre pour téléphoner ?

1 Si vous n'avez pas le **numéro** de votre correspondant français, cherchez-le dans un annuaire, sur le minitel, sur internet (p. ex. http://wf.pagesjaunes.fr/pb.cgi?) ou en téléphonant aux renseignements. En général, le numéro du correspondant est fourni *avec* l'indicatif régional (= 10 chiffres en tout).
2 Composez le numéro de votre correspondant avec l'**indicatif** qui convient *(voir ci-contre).*
3 En général, votre correspondant décroche en disant seulement « Allô ». C'est à vous de **vous présenter** en premier.
4 Dites ce que vous avez à dire ou demandez la personne à laquelle vous voulez parler *(voir « les mots pour le dire », ci-dessous).*

Le bon numéro

Pour téléphoner …
- de France en France :
  - indicatif régional (*avec* le 0)
  - numéro à 8 chiffres du correspondant ;
- d'Allemagne en France :
  - indicatif international de la France (0033)
  - indicatif régional (*sans* le 0)
  - numéro à 8 chiffres du correspondant ;
- de France en Allemagne :
  - indicatif international de l'Allemagne (0049)
  - indicatif de la ville allemande (*sans* le 0)
  - numéro du correspondant allemand ;
- vers un numéro de téléphone portable : l'indicatif du portable prend la place de l'indicatif régional (avec ou sans le 0, selon les cas).

Les mots pour le dire

- Vous présenter :
  - *(Allô ? / J'écoute.)*
  - Bonjour, ici Sven Schäfer. Je suis bien chez M et Mme Piquet ?
  - Bonjour, ici Sven Schäfer. Qui est à l'appareil ?
  - Bonjour, ici Sven. C'est toi, Jérémie ?
  - Bonjour Jérémie / M. Piquet, c'est Sven à l'appareil.
- Demander quelqu'un / passer la communication à quelqu'un :
  - J'aimerais parler à Jérémie / M. Piquet, s'il vous plaît.
  - Vous pourriez me passer Jérémie / M. Piquet, s'il vous plaît ?
  - *(Ne quittez pas, je vous le passe.)*
  - *(Un moment, s'il vous plaît, je vais voir s'il est là.)*
  - *(Désolé, / Je regrette, il n'est pas là / il est occupé / il parle sur une autre ligne. Pouvez-vous rappeler plus tard ?)*
- Laisser un message :
  - Pourriez-vous lui demander de me rappeler ? Mon numéro est le …
  - Pourriez-vous lui laisser un message de ma part, s'il vous plaît ?

Les indicatifs régionaux

On indique les numéros par groupes de 2 chiffres, p. ex. : *zéro trois / trente / douze / quarante-six / vingt-quatre.*

A vous !

1 Cherchez le numéro de téléphone de l'office du tourisme de la ville de Paris.
2 Quel(s) indicatifs devez-vous composer dans les cas suivants ?
   a) D'Allemagne, vous téléphonez à A, qui vous a donné comme numéro le 01 42 72 26 35.
   b) De Paris, vous téléphonez à B, qui vit à Paris et vous a donné comme numéro le 44 56 78 90.
   c) Vous êtes maintenant à Marseille et vous téléphonez à B, qui est est toujours à Paris (voir b).
3 Simulation : Vous téléphonez à Isabelle Roche, une amie française, pour lui demander un renseignement. Quelqu'un décroche : Vous entendez que ce n'est pas Isabelle.
   - *Allô ? J'écoute.*
   - (Présentez-vous et demandez qui est à l'appareil.)
   - *Bonjour. C'est Madame Roche.*
   - (Saluez Mme Roche et demandez à parler à Isabelle.)
   - *Un moment, je te la passe. Ne quitte pas. (...)*
   - *Allô ? Ici Isabelle, ça va ?*
   - (Répondez-lui et demandez si elle a le numéro de téléphone de Jérémie.)
   - *Euh, je l'ai noté quelque part, mais je ne sais plus où ... Attends, je vais chercher ...*
   - (Vous lui demandez de vous rappeler ce soir chez vous et vous lui donnez votre numéro [par groupes de 2 chiffres]. Vous vous excusez de devoir terminer rapidement la communication : vous téléphonez d'une cabine et il ne vous reste presque plus d'argent sur votre télécarte.)

> En France, la plupart des cabines téléphoniques fonctionnent avec des *télécartes,* qu'on peut acheter à la poste, dans les bureaux de tabac et dans d'autres magasins.

Comment s'y prendre pour rédiger une lettre officielle ?

1 Mentionnez **vos nom et adresse** en haut à gauche.
2 Un peu en dessous et à droite, mentionnez les nom et adresse du **destinataire**.
3 En dessous du destinataire, notez le **lieu** et la **date** (le *mois* s'écrit en toutes lettres).
4 Vous pouvez mentionner l'**objet** de la lettre (ce n'est pas obligatoire).
5 Choisissez une **formule d'appel** *(voir ci-dessous).*
6 Commencez le texte de votre lettre par une majuscule.
7 Terminez par une **formule de politesse** *(voir ci-dessous).*

Les formules utiles

- Objet : *Commande, Réservation, N/réf.* (= notre référence), *V/réf.* (= votre référence), etc.
- Formules d'appel neutres (quand on ne connaît pas encore le destinataire) :
  Madame, / Monsieur, / Mesdames, / Messieurs, / Madame la Directrice, / Monsieur le Président,
  Formules d'appel plus personnelles (quand on connaît un peu le destinataire) :
  Cher Monsieur, / Chère Madame, / Cher Monsieur Piquet, / Chère Madame Sevray,
- Se référer à un contact précédent : *Nous avons bien reçu votre lettre du ... et vous en remercions. En réponse à votre lettre du ... / Suite à notre entretien téléphonique du ... / A la suite de ...*
- Proposer ou demander qc : *Je me permets de ... / Veuillez ... / J'aimerais ... / Pourriez-vous ... ? / Je vous prie de ... / Je vous serais très reconnaissant(e) de (bien vouloir) ... / Auriez-vous l'amabilité de ... ?*
- Regretter ou refuser qc : *Malheureusement, ... / Nous avons le regret de vous informer que ... / A mon grand regret, il n'est pas possible de ... / Nous vous prions d'excuser ...*
- Mentionner les pièces jointes : *Veuillez trouver ci-joint ... / Vous trouverez ci-joint ...*
- Remercier et conclure : *Vous remerciant d'avance ... / Dans l'attente de vous lire ... / Espérant ...*
- Formules de politesse : *Veuillez agréer, Monsieur / Madame, mes salutations distinguées. / Je vous prie d'agréer, Monsieur / Madame, l'expression de mes meilleures salutations. / Je vous prie de croire, cher Monsieur / chère Madame, à l'assurance de mes sentiments les meilleurs.*

Modèle :

① Yann Caradec
Camping International de Kervel
29127 Plovenez-Porzay
FRANCE

② Monsieur Sven Schäfer
Östl. Ringstr. 55
73033 Göppingen
ALLEMAGNE

③ Plovenez-Porzay, le 13 avril 2002

④ Objet : Votre demande de renseignements

⑤ Monsieur,

⑥ En réponse à votre lettre du 28 mars dernier, veuillez trouver ci-joint un prospectus d'information sur notre camping. Pour les mois de juillet et août, nous vous prions de bien vouloir réserver votre place par avance.

⑦ Espérant vous compter bientôt parmi nos hôtes, nous vous prions d'agréer, Monsieur, l'expression de nos salutations les meilleures.

A vous !

Mettez-vous à la place de Sven Schäfer et répondez à la lettre du Camping de Kervel, ci-dessus :

a) Remerciez Yann Caradec pour l'envoi du prospectus.
b) Réservez une place pour 1 voiture, 2 tentes et 4 personnes du 10 au 24 août.
c) Demandez qu'on vous confirme les tarifs par écrit.
d) Demandez s'il est possible d'emmener un chien (ce n'est pas mentionné dans le prospectus).

La lettre personnelle

Elle est moins formelle que la lettre officielle. On commence directement par le lieu et la date, on ne mentionne pas sa propre adresse, ni celle du destinataire.
Quelques formules d'appel : *Cher Monsieur Piquet, / Chère Florence, / Ma chère Isabelle, / Chers tous,* etc.
Quelques formules finales : *Bien à vous. / Cordialement. / Amicalement. / Amitiés. / Je t'embrasse. / Grosses bises. / Bons baisers. / Affectueusement.*

Le courrier électronique

Dans les méls (ou *e-mails* ou *courriels*), les « règles » restent les mêmes que pour la correspondance écrite, mais elles sont moins rigides. On a tendance à choisir des formules plus courtes et moins formelles : *Meilleures salutations. / Salutations. / A +* (= « à plus », familier pour « à plus tard »).

VOCABULAIRE THÉMATIQUE

Environnement

● Les **fumées** rejetées par les usines	Rauch, Qualm
produites par les **gaz** *(m)* **d'échappement** *(m)* des voitures	Auspuffgase, Abgase
riches en **gaz** *(m)* **carbonique**	Kohlendioxyd
oxyde *(m)* **de carbone** *(m)*	Kohlen(mon)oxyd
de **soufre** *(m)*	Schwefel
d'**azote** *(m)* ↵	Stickstoff
polluent l'atmosphère.	verschmutzen
sont à l'origine de la **pollution** de l'air.	Verschmutzung
des **pluies** *(f)* **acides**.	saurer Regen
de la **mort des forêts** *(f)*.	Waldsterben
● Les trous dans la **couche d'ozone** *(m)*	Ozonschicht
sont à l'origine / responsables du **réchauffement** *(m)* de la planète.	Erwärumung
de l'**effet** *(m)* **de serre** *(f)*.	Treibhauseffekt
de beaucoup de **cancers** *(m)* de la peau.	Krebs
● De nombreux **cours d'eau** sont pollués	Wasserläufe
contaminés par les ↵	verseucht
usines, qui y rejettent des **déchets** *(m)* industriels.	Abfälle
métaux lourds.	Schwermetalle
agriculteurs, qui utilisent des **pesticides** *(m)*.	Pestizide
insecticides *(m)*.	Insektizide
engrais *(m)* contenant	Düngemittel
des **nitrates** *(m)*.	Nitrate
consommateurs, qui utilisent des **lessives** *(f)* contenant	Waschmittel
des **phosphates** *(m)*.	Phosphate
dont les **eaux usées** contiennent	Abwässer
des **bactéries** *(f)*.	Bakterien
● En dehors des eaux polluées **déversées** par les fleuves,	abgeleitet
des fumées **toxiques** tansportées par les vents, ↵	giftig
les mers et les océans doivent parfois faire face à la **marée noire**	Ölpest
causée par le **mazout**	Heizöl
le **fuel** [fjul] provenant du naufrage	Dieselöl
des **pétroliers** *(m)*.	Öltanker
● Les usines **atomiques** produisent les 3/4 de l'électricité consommée.	Atom(kraft)-
Les **réacteurs** *(m)* font l'objet de contrôles réguliers.	Reaktoren
Les **centrales nucléaires** inquiètent la population locale.	Kernkraftwerke
● La population (ne) se sent (pas) **à l'abri** *(m)* des accidents.	geschützt
est bien/mal protégée contre les **déficiences** *(f)* du réacteur.	Störfälle
craint les **avaries** *(f)*.	Schäden
a peur des **explosions** *(f)*.	Explosionen
● Un nuage **radioactif** pourrait contaminer une partie de la planète et ↵	radioaktiv
irradier des régions entières.	verstrahlen
intoxiquer toute la population.	vergiften
occasionner	bewirken, verursachen
entraîner des **dommages** très graves.	Schäden
● Le **taux de radioactivité** *(f)* est (un peu / beaucoup) trop élevé.	radioaktive Belastung
supérieur **à la moyenne**.	überdurchschnittlich
inférieur	unter-

Les écologistes souhaitent une amélioration des **mesures** *(f)* **de sécurité** *(f)*.	Sicherheitsmaßnahmen
demandent / exigent l'**arrêt** *(m)* des réacteurs atomiques.	Abschalten, Einstellung
une solution au problème du **stockage**	(End)Lagerung
des **déchets** *(m)* **atomiques**.	Atommüll
Il est **impératif** / nécessaire / souhaitable de protéger / **préserver** / respecter l'environnement.	dringlichst
la nature.	erhalten
l'**éco-système** *(m)*.	Ökosystem
sensibiliser l'opinion face à ces problèmes.	empfänglich machen
La **préservation** / La protection de l'environnement doit devenir un réflexe de tous les jours.	Erhalt(ung)
une **priorité absolue**.	allererste Priorität
une **cause** (inter)nationale.	Angelegenheit
Chacun peut / devrait **boycotter** les entreprises qui polluent.	boykottieren
commencer par **trier ses déchets**	Müll trennen
pour favoriser le **recyclage**.	Recycling
éviter d'utiliser des produits **nocifs**.	schädlich
le **gaspillage** d'énergie.	Verschwendung
apporter son **soutien** à l'action des écologistes.	Unterstützung
Les **pouvoirs publics** pourraient / devraient ↵	Behörden
prendre des mesures pour réduire la **densité** de la circulation automobile.	Dichte
l'**émission** *(f)* de produits toxiques.	Ausstoß
imposer l'usage du **pot catalytique** pour toutes les voitures.	Katalysator
construire plus de **stations** *(f)* **d'épuration** *(f)*.	Kläranlagen
d'usines *(f)* de **retraitement** *(m)*.	Wiederaufbereitung
investir davantage dans les **énergies** **douces**.	alternative Energien
renouvelables.	wiedernutzbar
punir plus durement les **pollueurs** *(m)*.	Verschmutzer
renaturer les zones	in den ursprünglichen Zustand zurückführen
polluées.	
sinistrées.	stark geschädigt
Le bruit est à considérer comme une « pollution **sonore** »	Lärm-
quand il dépasse le **seuil de nuisance** *(f)*.	Belästigungspegel
Un ton très **aigu**	schrill / hoch
Un **volume** trop élevé	Lautstärke
Un **baladeur**	Walkman
La musique **poussé(e) à fond** peut causer	voll aufgedreht
occasionner	bewirken, verursachen
entraîner des **troubles auditifs**.	Hörschäden

Points chauds

Les **immigrés** *(m)* qui viennent du Maghreb / d'Afrique (etc.)	Einwanderer
d'**origine** algérienne / sénégalaise (etc.)	Abstammung
étrangers de **nationalité** tunisienne / camerounaise (etc.)	Staatsangehörigkeit
Maghrébins *(m)* et les Africains *(m)* ↵	Maghrebiner
ont parfois des difficultés à / du mal à obtenir un **permis** **de séjour** *(m)*.	Aufenthaltserlaubnis
de travail *(m)*.	Arbeits-(genehmigung)
des problèmes pour trouver un **logement** convenable.	Unterkunft
un **emploi**.	Arbeit, Stelle
Beaucoup de travailleurs immigrés n'ont aucune **qualification**.	Qualifikation
pas de **formation** professionnelle.	Ausbildung
Le **taux d'immigration** *(f)* est élevé / constant / en hausse / en baisse.	Einwanderungsquote
ne tient pas compte des travailleurs **clandestins**.	heimlich, illegal
des **naturalisations** *(f)*.	Einbürgerungen

● Certains **musulmans** / immigrés	Muslime
ont du mal à / ne peuvent pas — **s'intégrer** à la société française.	sich eingliedern
refusent d' / ne veulent pas — **abandonner** leurs	ablegen
coutumes *(f)*.	Sitten, Bräuche
pratiques religieuses.	religiöse Bräuche
● **A l'égard** des immigrés, ↵	gegenüber, hinsichtlich
une partie de la population **éprouve**	fühlt, zeigt
ressent — de la peur.	empfindet
de la **méfiance**.	Mißtrauen
a des réactions de / d' — **rejet** *(m)*.	Ablehnung
intolérance *(f)*.	Intoleranz
est / se montre — assez / plutôt — **(in)tolérante**.	(in)tolerant
raciste.	rassistisch
● Les **beurs**	in Frankreich geborene Kinder von Maghrebinern
Les Maghrébins / Les étrangers / Les immigrés — sont / se sentent	
rejetés / mal acceptés — par — la population locale.	abgelehnt
les **Français de souche**.	« Ur-Franzosen »
victimes — de l'intolérance des Français.	Opfer
de **préjugés** *(m)*.	Vorurteile
du **racisme**.	Rassismus
de la **xénophobie**.	Fremdenhaß
exclus de la société.	ausgeschlossen
jouent le rôle de **boucs** *(m)* **émissaires**.	Sündenböcke
● De plus en plus de gens — sont victimes du / se retrouvent au — **chômage**.	Arbeitslosigkeit
sont **licenciés** — pour raisons économiques.	entlassen
par leur **employeur** *(m)*.	Arbeitgeber
perdent leur	verlieren
sont — sans / à la **recherche** d'un — **emploi**.	Arbeit, Stelle / Suche
● La crise et la hausse du **taux de chômage** *(m)* ↵	Arbeitslosenquote
entraînent / sont à l'origine de — l'augmentation du nombre des — **sans-abri** *(m)*.	Obdachlose
SDF *(m)*.	Obdachlose
● Les **défavorisés** *(m)*	Benachteiligte
Les sans-abri / Les SDF / Les clochards — peuvent — s'adresser à une **association d'entr'aide** *(f)*	Hilfsorganisation
se présenter dans — un **centre d'accueil** *(m)*	Beratungsstelle
un **foyer** ↵	Heim, Wohnheim
pour y — demander / **solliciter** — un logement **provisoire**.	vorübergehend
une aide financière.	erbitten
trouver **refuge** *(m)*.	Zuflucht
● Beaucoup de — chômeurs / jeunes — se trouvent dans une situation **désespérée**.	verzweifelt
risquent de se retrouver **en marge** de la société.	am Rande
sont **menacés** par — l'alcool.	bedroht
la **drogue**.	Droge
la **misère**.	Elend
la **délinquance**.	(Klein)Kriminalität
● La banlieue de ... a été le cadre d'une série — d'actes de **violence** *(f)*.	Gewalt
de violentes **manifestations**.	Demonstrationen
d'**émeutes** *(f)*.	Krawalle, Aufstände
● **Les manifestants** *(m)* — ont — démoli	Demonstranten
saccagé — plusieurs magasins. / des voitures.	verwüstet
incendié	angezündet
provoqué	provoziert
pris à partie — un groupe de passants.	angegriffen
se sont attaqués aux **forces** *(f)* **de l'ordre** *(m)*.	Ordnungskräfte

● Les **pouvoirs publics** | craignent	Behörden
redoutent	befürchten
doivent faire face à | une **recrudescence** | de la violence.	Anwachsen
sont confrontés à | de la **criminalité**.	Kriminalität

● La situation de la femme s'est **améliorée** au cours des dernières années mais	verbessert
il | **subsiste**	bleiben weiterhin
reste | encore des **inégalités** *(f)* dans certains domaines, notamment	Ungleichheiten
pour les **postes** *(m)* **à responsabilité** *(f)* et en politique,	Führungspositionen
où beaucoup de femmes réclament | la **parité**.	Parität, Gleichheit
des **quotas** *(m)*.	Quoten

● Les **féministes** *(f)* | supportent mal | | face à l'embauche.	Feministinnen
luttent contre | la **discrimination** | en politique.	Diskriminierung
luttent pour | | des **femmes au foyer**.	Hausfrauen
réclament | l'**égalité** *(f)* des | droits	Gleichheit
exigent | | **sexes** *(m)*.	Geschlechter

Politique

● La **Constitution** sépare	Verfassung
les **pouvoirs** :	Gewalten
le pouvoir | **législatif**,	gesetzgebend
exécutif,	ausübend
judiciaire.	richterlich

● Le **Parlement** est composé	Parlament
de deux **chambres** *(f)* : l'Assemblée nationale et le Sénat.	Kammern

● Le **président de la République** | est le chef de l'exécutif.	Staatspräsident
est **élu** pour 5 ans.	gewählt
nomme le	ernennt
choisit son | **Premier ministre**.	Premierminister
peut | **renvoyer** le	entlassen
dissoudre l'Assemblée nationale.	auflösen
consulter directement	befragen
les **citoyens** *(m)*	(Staats)Bürger
par **référendum** *(m)*.	Volksentscheid

● Le Premier ministre | est le chef du **gouvernement**.	Regierung
forme son **cabinet**.	Kabinett
expose les **grandes lignes** de sa politique.	Leitlinien
présente la **démission** de son gouvernement.	Rücktritt
démissionne.	tritt zurück

● X | a été nommé(e) | **ministre** *(m)* | **de l'Intérieur**.	Innenminister
occupe les fonctions de | de l'**Education nationale**.	Bildungs-
est | des **Affaires étrangères**.	Außen-
est **démis(e)** de ses fonctions de | de la Culture.	enthoben
de la **Défense**.	Verteidigungs-

● Les **députés** *(m)*	Abgeordnete
Les **sénateurs** *(m)*	Senatoren
Les deux chambres du Parlement | se réunissent en **séance** *(f)* **extraordinaire**.	Sondersitzung

● L'Assemblée nationale | **approuve**	billigt
Le Sénat | **rejette** | le texte de loi | portant sur ...	lehnt ab
la **proposition de loi**	Gesetzesvorlage
le **projet de loi** du ministre X.	Gesetzentwurf
présente des **amendements** *(m)* au	Änderungen
adopte le | texte de loi.	verabschiedet

● X se présente dans la **circonscription** de ...	Wahlkreis
se porte candidat(e)	kandidiert
est candidat(e) aux **élections**	Wahlen
européennes.	
présidentielles.	
législatives.	Parlaments-
cantonales.	Kantonal-
municipales.	Kommunal-

● Les **citoyens (-nes)**	(Staats)Bürger(innen)
Les **électeurs (-trices)**	Wähler(innen)
Les Français(es) **élisent** les députés	wählen
conseillers **régionaux**	Regionalräte
départementaux	Départements-
municipaux	Gemeinde-
au **suffrage universel** direct.	allgemeine(s) Wahl(recht)
au **scrutin** **majoritaire.**	Mehrheitswahlmodus
proportionnel.	Verhältnis-

● Beaucoup / Une minorité d'électeurs ne font pas usage de leur **droit** *(m)* **de vote** *(m)*.	Wahlrecht
votent à gauche / à droite.	wählen
blanc.	mit leerem Wahlzettel
s'abstiennent.	enthalten sich

● Le **candidat** **sortant** / de l'opposition / de la majorité a obtenu / recueilli ... % des	bisheriger Mandatsträger
voix *(f)*.	Stimmen
suffrages *(m)*.	Stimmen
été réélu au 1er / 2ème **tour de scrutin** *(m)*.	Wahlgang

● Le **parti** socialiste / communiste / gaulliste a gagné	Partei
perdu ... **sièges** aux élections.	Sitze
dispose de ... **mandats** *(m)*	Mandate
devient / reste **majoritaire** au Sénat.	in der Mehrheit
minoritaire à l'Assemblée.	in der Minderheit

● Le parti X est favorable / opposé au **gouvernement en place**.	derzeitige Regierung
fait partie de la **coalition** gouvernementale.	Koalition
soutient / critique la politique du gouvernement.	unterstützt
est divisé par des **luttes** *(f)* **de courants** *(m)*.	Flügelkämpfe
milite pour l'environnement.	macht sich stark

● Les **militants** *(m)* de base	aktive Mitglieder
Les **adhérents** *(m)* du parti soutiennent	Mitglieder
Les **membres** *(m)* du parti critiquent	Mitglieder
contestent la position / la politique du premier secrétaire.	fechten an
se rallient à la position / la politique du Secrétaire général. / de leur leader.	schließen sich an

France, Allemagne, Europe

● La guerre **éclate** entre la France et l'Allemagne.	bricht aus
est **déclarée** par l'Allemagne.	erklärt
a **dévasté** le pays.	verwüstet
a **coûté la vie** à des milliers de soldats.	das Leben gekostet
civils *(m)*.	Zivilpersonen
a fait de nombreuses **victimes** parmi la population civile.	Opfer
sur les différents **fronts.**	Fronten

● Les **hostilités** *(f)*	Kampfhandlungen
ont été **déclenchées** par ...	ausgelöst
se sont soldées par l'**invasion** *(f)* du pays.	Invasion
des millions de morts et de **blessés** *(m)*.	Verwundete
le **massacre** des populations civiles.	Massaker

Les Français ont été invités à	**collaborer** avec		mitarbeiten/kollaborieren
	résister à		Widerstand leisten
	s'opposer à	l'**ennemi** *(m).*	Feind
	lutter contre	l'**envahisseur** *(m).*	Eindringling
	combattre	l'**occupant** *(m).*	Besatzungsmacht

L'intervention des **Alliés** *(m)*				Alliierten
L'action de la **Résistance**	a permis de	libérer le pays.		Widerstand(sbewegung)
		vaincre les nazis.		besiegen
		mettre fin	à l'**occupation** *(f).*	Besatzung
			à la **collaboration**.	Kollaboration

Les **adversaires** *(m)* ont fini par			Gegner
	négocier		aushandeln
	conclure		beschließen
	signer	un **armistice**.	Waffenstillstand
		un **traité de paix**.	Friedensvertrag

Le **rapprochement** entre les deux pays			Annäherung
La **réconciliation** des deux peuples	a donné naissance à	une amitié solide.	Aussöhnung
		une **entente** durable.	Einvernehmen

Les accords	**envisagent** de			beabsichtigen
	proposent de	renforcer la **coopération** entre les deux pays.		Zusammenarbeit
		multiplier		vermehren, verstärken
		promouvoir		fördern
		favoriser	les actions communes.	begünstigen, fördern
			les **consultations bilatérales**.	beidseitige Beratungen
			les **jumelages** *(m).*	(Städte)Partnerschaften
			les **échanges** *(m)* universitaires.	Austausch(maßnahmen)
			les **séjours** *(m)* **linguistiques**.	Sprachaufenthalte
			les **rencontres** franco-allemandes.	Begegnungen

Les deux peuples ont	**tissé**		gewoben, eingegangen
	noué		geknüpft
	développé	des **liens** étroits.	Bindungen

Mais certains	**ressentiments**		Ressentiments, Groll
	préjugés	ont la vie dure.	Vorurteile
	clichés	**subsistent**.	bleiben bestehen
		persistent.	dauern an
		restent **tenaces**.	hartnäckig

Le **couple**	franco-allemand(e) est, pour l'Europe,	une garantie de		Paar
L'union		un **facteur** de	paix.	Faktor
L'alliance		le **garant** de la	stabilité.	Garant

X	est	**partisan** *(m)*	de	l'Union	européenne.		Anhänger, Befürworter
		le **promoteur**		l'idée			Initiator, Vorreiter
	a	**lancé**					ins Leben gerufen
		initié					in die Wege geleitet
		à l'origine de	l'idée d'une Europe	**communautaire**.			gemeinschaftlich
	est			**fédérale**.			bundesstaatlich
		favorable à	la **réalisation**				Verwirklichung
			la **mise en œuvre**	de l'union	politique.		Durchführung
			l'**achèvement** *(m)*		économique.		Vollendung
					monétaire.		Währungs-

Le Conseil de l'Europe	**siège**	à ...	tagt
Le Parlement européen	a son **siège**		Sitz
	a été **fondé(e)** en ...		gegründet
Cette **institution**	a pour rôle de ...		Institution
Cet **organe**	est composé(e) de ...		Gremium

GLOSSAIRE

L'aide humanitaire et sociale

Un grand nombre d'associations porte secours à tous ceux qui, en France ou à l'étranger, vivent dans la misère ou le besoin. Parmi les plus connues :

- *Médecins sans frontières* est la plus grande organisation humanitaire d'aide médicale du monde. Depuis 1971, les « French doctors » interviennent régulièrement dans les régions en crise du monde entier pour y apporter les premiers soins aux victimes des guerres et des catastrophes naturelles.
- *Médecins du monde,* fondée en 1980 par Bernard Kouchner (voir page 84), a des buts identiques.
- *Le Secours populaire français* (voir pages 67 et 74), créé en 1946, vient en aide aux familles dans le besoin, p. ex. en organisant des repas pour les plus pauvres et des journées de vacances pour les enfants.
- Le *Samu social* (voir page 72) s'occupe surtout des sans-abri, auxquels il essaie de procurer des soins médicaux et un hébergement. (Voir aussi : le Samu.)
- *Les Restaurants du cœur* (voir pages 34 et 127), créés par Coluche, distribuent chaque hiver des millions de repas gratuits aux gens les plus pauvres.
- *Emmaüs,* fondé en 1949 par l'abbé Pierre, récupère et revend des vêtements, des meubles, des vieux papiers, etc. pour financer diverses actions caritatives.
- *ATD-Quart-Monde,* créée en 1957, s'occupe de l'aide aux familles défavorisées, procure des logements provisoires aux sans-abri et une formation professionnelle aux jeunes en difficulté.

L'Assemblée nationale (voir : Parlement)

La BD (bande dessinée)

Tintin et Milou, Astérix et Obélix, les Schtroumpfs, Gaston Lagaffe et Lucky Luke font aujourd'hui partie des grands classiques. Tintin et les « Aventures d'Astérix », par exemple, ont été traduits en une quarantaine de langues et vendus à des centaines de millions d'exemplaires dans le monde entier.

L'« âge d'or » de la bande dessinée franco-belge débute en 1959 avec la création d'Astérix, par René Goscinny (textes) et Albert Uderzo (dessins), et avec le lancement du magazine de BD *Pilote.* Suivent alors, dans les années 60-70, beaucoup de publications souvent critiques, parfois provocatrices *(Hara-Kiri, Charlie Hebdo, Fluide glacial, L'Echo des savanes)* dans lesquelles beaucoup de grands dessinateurs et dessinatrices de BD (Wolinski, Reiser, Bretécher, etc.) ont fait leurs premiers pas.

Contrairement aux « comics » américains, la BD franco-belge s'adresse aussi et surtout aux adultes. Cela explique, entre autres, qu'elle est souvent publiée sous forme d'albums de qualité et qu'elle est très appréciée du grand public. Le festival de la BD, qui a lieu chaque année à Angoulême, est, pour les Français, un important événement culturel.

La chanson française et francophone

- *La chanson traditionnelle :*

– les précurseurs : Maurice Chevalier, Edith Piaf, Charles Trenet ;
– les « grands classiques » : Georges Brassens, Jacques Brel, Jean Ferrat, Léo Ferré, Barbara, Juliette Gréco ;
– les « yé-yé » : Johnny Hallyday, Eddie Mitchell, Françoise Hardy, Sylvie Vartan, France Gall ;
– génération 1968 : Georges Moustaki, Maxime Le Forestier.

- *Tendances plus récentes :*

– la chanson « engagée » plus ou moins contestataire : Renaud, Bernard Lavilliers, Francis Cabrel ;
– les « provocateurs » : Serge Gainsbourg, Jacques Higelin, Jacques Dutronc ;
– le rock « à la française » : Téléphone, Indochine, les Rita Mitsouko, les Négresses Vertes ;
– entre chanson et pop : Michel Sardou, Yves Duteil, Jean-Jacques Goldman, Alain Souchon, Véronique Sanson, Patrick Bruel, Patricia Kaas, Enzo Enzo, etc. ;
– le rap : MC Solaar, NTM, IAM, Alliance Ethnik, etc. ;
– la techno: Daft Punk, Air, Laurent Garnier.

- *Chansons et musiques du monde francophone :*

– musique « beur » et raï algérien : Rachid Taha, Khaled, Faudel ;
– Canada : Félix Leclerc, Gilles Vignault, Robert Charlebois, Fabienne Thibaut, Diane Dufresne, Céline Dion, Roch Voisine, Linda Lemay ;
– Suisse : Stephan Eicher ; Belgique : Axelle Red, Arno.

La collaboration

En 1940, vaincue par la Wehrmacht, la France signe l'armistice. Le pays est alors divisé en deux : Au nord et à l'ouest, la « zone occupée » est contrôlée directement par les Allemands. Au sud, la « zone libre » est placée sous le contrôle du maréchal Pétain. Son gouvernement, situé à Vichy, et sa milice collaborent avec les Allemands. A partir de 1942, les troupes allemandes occupent aussi la zone libre. (Voir aussi : Résistance.)

La Constitution

La Constitution de la Ve République a été proposée par le Général de Gaulle pour mettre fin à l'instabilité politique de la IVe République : La toute-puissance des partis et de l'Assemblée nationale, qui menaçait à tout moment de renverser le gouvernement, empêchait celui-ci d'agir efficacement à long terme.

La Constitution de la Ve République, approuvée en 1958 par référendum, limite le rôle du Parlement, renforce le pouvoir exécutif et donne à la France un régime de type présidentiel (voir : président de la République).

Un Conseil constitutionnel veille au respect de la Constitution et à l'équilibre entre les pouvoirs législatif et exécutif.

(Les marques de couleur qui précèdent le titre des rubriques du glossaire renvoient aux chapitres auxquels ces rubriques se rapportent.)

Décentralisation et régionalisation

Depuis la monarchie absolue et la Révolution française, la France est un pays fortement centralisé. L'administration se montre souvent inefficace face aux problèmes régionaux et le déséquilibre politique entre Paris et la province a des conséquences économiques graves.
Pour faire face à ces problèmes, la loi de décentralisation de 1982 transfère un certain nombre de compétences vers les « collectivités locales » dans le domaine de l'urbanisme (pour les communes), de l'aide sociale et de la santé (pour les départements) et du développement économique et culturel (pour les régions).
Les collectivités locales sont administrées par une assemblée élue au suffrage universel et dirigée par un président élu (ou un maire - voir p. 81) et non plus par un préfet nommé par le gouvernement de Paris. (La fonction de préfet existe encore, mais elle n'a plus qu'un rôle consultatif.)

Démocratie libérale (voir : UDF)

Les DOM-TOM

- Les quatre *départements d'outre-mer* ont le même statut que les départements de France métropolitaine :
  - La Guadeloupe
  - La Martinique (Amérique centrale)
  - La Guyane française
  - La Réunion (Afrique).
- Les quatre *territoires d'outre-mer* sont dirigés par une Assemblée territoriale et un conseil de gouvernement local, mais ses habitants sont citoyens français :
  - La Nouvelle-Calédonie
  - Wallis et Futuna (Océanie)
  - La Polynésie française
  - Les terres australes et antarctiques françaises.
- Il y a encore deux « collectivités territoriales », dont le statut se rapproche de celui des TOM :
  - St-Pierre-et-Miquelon (Amérique du Nord)
  - Mayotte (Afrique).

L'Europe - I Les dates-clés

1951 - La France, l'Allemagne, l'Italie, la Belgique, les Pays-Bas et le Luxembourg fondent la Communauté européenne du charbon et de l'acier (CECA).
1957 - Le traité de Rome crée la Communauté économique européenne (CEE) ou « Marché commun ». Les principales institutions communautaires sont mises en place *(voir L'Europe II, les institutions)*.
1968 - La Grande-Bretagne, l'Irlande et le Danemark entrent dans le Marché commun. Suivent ensuite la Grèce (1981), puis l'Espagne et le Portugal (1986).
1992 - A Maastricht, les chefs d'Etat et de gouvernement jettent les bases d'une Union politique européenne. La CEE devient l'Union Européenne (UE).
1993 - Ouverture du marché unique : libre circulation des hommes, des services et des marchandises.
1995 - Adhésion de l'Autriche, puis de la Suède et de la Finlande à l'Union européenne.
2002 - Introduction de l'euro, une monnaie commune à 11 pays de l'Union.

L'Europe - II Les institutions

- *La Commission européenne*

C'est l'exécutif de l'Union européenne, responsable devant le Parlement européen. Elle se compose de commissaires désignés pour 5 ans par les gouvernements des pays membres et son siège se trouve à Bruxelles. Rôle : proposer au Conseil des ministres les mesures utiles au développement de l'Union et appliquer les décisions prises par le Conseil, transmettre les propositions de lois au Parlement européen, chercher à concilier les points de vue des Etats-membres. La Commission est le porte-parole de l'Union dans les négociations commerciales.

- *Le Conseil des ministres*

Il réunit périodiquement, à Bruxelles ou à Luxembourg, les ministres compétents (en fonction du sujet traité) à raison d'un ministre par Etat membre. Le Conseil prend des décisions et adopte les lois communautaires qui entrent alors en vigueur dans chacun des Etats de l'Union européenne.

- *Le Parlement européen*

Ses députés élus pour 5 ans au suffrage universel se réunissent une fois par mois à Strasbourg pendant une semaine. Le Parlement européen donne son avis sur les propositions de lois de la Commission. Il vote le budget de l'Union et contrôle le travail de la Commission et du Conseil des ministres.

- *La Cour de justice*

Elle siège à Luxembourg et intervient lorsque les décisions communautaires ne sont pas respectées par l'un des pays membres. Chaque citoyen européen peut s'adresser à la Cour quand il a un problème avec les lois européennes.

- *Le Conseil européen*

Il réunit au moins deux fois par an les chefs d'Etat ou de gouvernement. Cette institution définit la stratégie européenne face à l'avenir et aux grands problèmes du moment.

La francophonie

La « francophonie » est l'ensemble des pays dans lesquels le français occupe une place particulière en tant que langue officielle, administrative ou langue d'enseignement.
En Europe, on parle français en Belgique, au Luxembourg, en Suisse, à Andorre, à Monaco, dans le Val d'Aoste (Italie). En Afrique, dans les anciennes colonies françaises du Maghreb et d'Afrique occidentale et centrale. On parle aussi français au Québec, en Louisiane et à Haïti, par exemple, ainsi qu'au Liban et en Polynésie.
Le français est, avec l'anglais, langue de travail de l'ONU (Organisation des Nations Unies), et certains pays l'utilisent souvent dans les réunions internationales (la Grèce, l'Italie, la Pologne, le Portugal, p. ex.).
Dans la plupart des pays du monde, on enseigne le français comme langue étrangère. Le nombre de personnes capables de s'exprimer en français est estimé à environ 100 millions.
Chaque année, les « Sommets de la francophonie » réunissent les chefs d'Etat des pays concernés dans le but de créer et d'animer un espace francophone linguistique et culturel, mais aussi économique et technologique.

Le Front national

Ce parti est fondé en 1972 par plusieurs personnalités d'extrême-droite, dont Jean-Marie Le Pen, son actuel président. Le FN défend des thèses nationalistes et xénophobes.

La guerre d'Algérie

Depuis la conquête de l'Algérie par les Français en 1830, près d'un million de Français viennent peu à peu s'installer sur le territoire algérien, qui est intégré à la France en 1848. Ce sont les Français qui dirigent le pays, alors que la population musulmane (plus de 8 millions de personnes) n'a pratiquement aucun droit politique.
Depuis 1925, les intellectuels algériens réclament l'indépendance du pays, que le gouvernement français leur refuse. En 1954 la guerre éclate entre les nationalistes algériens du FLN (Front de Libération nationale) et les troupes françaises.
En 1958, le général de Gaulle, alors chef du gouvernement, propose la décolonisation du pays. Les partisans de l'« Algérie française » s'y opposent et fondent l'OAS (Organisation de l'Armée Secrète). L'OAS et le FLN terrorisent l'Algérie et la France par une série d'attentats. La guerre devient alors très impopulaire. De Gaulle décide d'y mettre fin et signe, le 18 mars 1962, les accords d'Evian qui rendent l'indépendance à l'Algérie.

Médecins sans frontières (voir : aide humanitaire)

Les médias (voir : presse écrite, radio, télévision)

L'Office franco-allemand pour la jeunesse

L'OFAJ a été fondé en 1963, suite au Traité sur la coopération franco-allemande (voir p. 128). Objectif : Rapprocher les jeunes des deux pays et leur apprendre à connaître la culture et la civilisation du voisin pour assurer durablement l'amitié entre les deux peuples.
Programme : Echanges scolaires et universitaires, rencontres entre apprentis ou jeunes employés, manifestations sportives, jumelages entre villes, stages et cours de langue.

Le Parlement

Le Parlement français se compose de deux chambres :
- L'*Assemblée nationale* se compose de 577 députés (dont 22 pour les DOM-TOM). Ceux-ci sont élus pour 5 ans au suffrage universel direct et siègent au Palais Bourbon, à Paris.
- Le *Sénat* compte 321 sénateurs qui se réunissent au Palais du Luxembourg, à Paris. Ils sont élus pour 9 ans par les députés, les conseillers régionaux, les conseillers généraux, les maires et une partie des conseillers municipaux.

Le Parlement a deux fonctions principales : 1) contrôler la politique du gouvernement ; 2) proposer et voter les lois (pouvoir législatif) ainsi que le budget de l'Etat. Il se réunit en sessions « ordinaires » de 80 à 90 jours, deux fois par an, et en sessions « extraordinaires ».
Si l'Assemblée nationale est en désaccord avec le gouvernement, elle peut le renverser en votant une motion de censure. En revanche, le président de la République a le pouvoir de dissoudre l'Assemblée (mais pas le Sénat).
Pour être valable, un texte de loi doit être adopté par l'Assemblée nationale *et* par le Sénat : si les deux chambres ne peuvent pas tomber d'accord, c'est le dernier vote de l'Assemblée qui est pris en compte.

Le Parti communiste français (PCF)

Le Parti communiste, créé en 1920, a fondé son programme sur le marxisme-léninisme, souhaitant passer de la société capitaliste à une société sans exploiteurs ni exploités.
Pendant la Seconde Guerre mondiale, il prend une part active à la Résistance contre l'occupation allemande. Il est alors très populaire.
Par la suite, son alignement inconditionnel sur la politique soviétique et ses structures rigides entraînent, en particulier dans les années 1980, une baisse du nombre de ses adhérents et de ses électeurs. Le PCF a souvent été allié au PS et aux Verts dans le cadre de la majorité gouvernementale.

Le Parti socialiste (PS)

La SFIO (Section française de l'Internationale ouvrière), créée en 1905, change de nom en 1969 pour devenir le PS.
Les socialistes ont participé à presque tous les gouvernements de la IVe République. Mais sous la Ve République, c'est surtout depuis le succès de François Mitterrand aux élections présidentielles de 1981 et de 1988 que le PS joue un rôle primordial dans la politique française. Le PS a souvent été allié au PCF et aux Verts dans le cadre de la majorité gouvernementale.

Le président de la République

Il exerce avec le gouvernement le pouvoir exécutif. Il est élu pour 5 ans (à partir de 2002) au suffrage universel direct.
- Ses principaux pouvoirs :
  - Il veille au respect de la Constitution ;
  - il nomme le Premier ministre et les autres membres du gouvernement, et met fin à leurs fonctions ;
  - il préside le Conseil des ministres ;
  - il est le chef des armées et peut seul décider de l'utilisation de l'arme nucléaire ;
  - il représente le pays à l'extérieur ;
  - il promulgue les lois *(voir page 83)* ;
  - il peut dissoudre l'Assemblée nationale ;
  - il peut consulter les citoyens directement par référendum ;
  - il peut prendre les pleins pouvoirs, si la nation est menacée.
- Les présidents de la Ve République :
  - Charles de Gaulle (1959-1969),
  - Georges Pompidou (1969-1974),
  - Valéry Giscard d'Estaing (1974-1981),
  - François Mitterrand (1981-1995),
  - Jacques Chirac (1995-...).

La presse écrite

- Parmi les quotidiens nationaux, les plus importants sont *Le Figaro, Le Parisien,* et *France-Soir* pour les journaux « de droite », *Le Monde* pour le centre-gauche, *Libération* et *L'Humanité* pour la presse dite « de gauche », *La Croix* pour la presse catholique, *Les Echos* pour l'économie et *L'Equipe* pour le sport. Une bonne partie de ces quotidiens doit régulièrement faire face à des difficultés financières.
- Il existe une grande variété de journaux régionaux (*Ouest-France, La Voix du Nord, Sud-Ouest, Le Dauphiné, Les Dernières Nouvelles d'Alsace,* p. ex.)
- Parmi les périodiques, on trouve quelques grands hebdomadaires d'information *(L'Express, Le Nouvel Observateur, Le Point, Marianne, Paris-Match)*, des journaux satiriques *(Le Canard enchaîné)* et de très nombreux magazines de loisirs et de télévision. La presse féminine compte également beaucoup de titres, de même que la presse des jeunes (*Phosphore, Okapi, Les clés de l'actualité,* etc.) Il existe aussi un bon nombre de publications spécialisées dans les domaines les plus divers.

La plupart des journaux et périodiques sont regroupés entre les mains de grands groupes de presse.

La radio

On distingue les radios nationales (France-Inter, France-Culture, France-Musique, France-Info), les radios régionales ou locales de service public (Radio 7, Fréquence Nord, Radio Normandie Caen, etc.), les stations périphériques privées qui émettent à partir des pays voisins de la France (RTL, RMC, Europe 1, Sud-Radio) et des radios locales « libres », c'est-à-dire privées (plus de mille stations).
Beaucoup de ces radios « libres » (NRJ, Europe 2, Skyrock et Fun Radio) sont très populaires chez les jeunes.

La religion

Si 82 % des Français sont catholiques, la seconde religion de France est l'islam (pratiqué par 4 millions de musulmans, en majorité des familles issues de l'immigration maghrébine). Viennent ensuite un million de protestants et environ 700 000 juifs.
En France, le protestantisme ne joue qu'un rôle secondaire depuis que Louis XIV (par la révocation de l'Edit de Nantes, en 1685) a poussé les protestants à s'exiler à l'étranger.
Autre différence avec l'Allemagne : La séparation de l'Eglise et de l'Etat, datant de 1905, a pour conséquence que l'Eglise ne touche pas d'argent de l'Etat (il n'y a donc pas d'équivalent français au « Kirchensteuer » allemand). L'Etat français permet cependant à l'Eglise d'entretenir des écoles privées (les « écoles libres »), fréquentées par environ 20 % des élèves français.

La Résistance

A la suite du fameux appel à la résistance de juin 1940, le général de Gaulle organise les Forces françaises libres (FFL), qui reprennent le combat aux côtés des Alliés. En France, les réseaux clandestins de la « résistance intérieure » se constituent à partir de 1942 autour du préfet Jean Moulin. En 1943, alors que l'Allemagne crée le STO (Service du travail obligatoire, pour les jeunes de 21 à 23 ans), beaucoup de jeunes qui refusent de s'y soumettre rejoignent les groupes de résistants.
Les résistants (dont le nombre est estimé à moins de 1 % de la population) établissent des réseaux de renseignements, organisent des actes de sabotage contre l'armée allemande et facilitent l'évasion des personnes poursuivies vers l'Angleterre. Beaucoup d'entre eux perdent la vie lors d'attaques armées ou sous la torture. (Voir aussi : collaboration.)

Les Restaurants du Cœur

Les « Restos du Cœur » ont été créés en 1985 par le comédien et chanteur Coluche pour que les plus pauvres puissent avoir gratuitement un repas chaud par jour en hiver. Chaque année, à l'approche de l'hiver, des « restos » ouvrent leurs portes dans toutes les grandes villes de France et des milliers de bénévoles y distribuent, sans formalités, des repas aux sans-abri et aux chômeurs. Ces repas sont financés par des dons en nature ou en argent qui viennent d'un peu partout : supermarchés, industrie alimentaire, associations caritatives, personnes privées, etc.
Depuis la mort de Coluche, en 1986, les Restos du Cœur poursuivent leur action et distribuent chaque hiver des millions de repas.

Le RMI (revenu minimum d'insertion)

Le RMI, créé en 1988, est une aide financière qui permet aux « chômeurs de longue durée » (ceux qui n'ont plus d'allocations-chômage) de ne pas tomber dans la misère et d'être ainsi en mesure de se réintégrer dans le monde du travail. Le RMI est valable pour 3 mois et peut être prolongé pour une période de 3 à 12 mois. En 2000, il était de 2552 FF (correspondant à 390 €) par mois pour une personne vivant seule.

Le RPR (Rassemblement pour la République)

Fondé en 1976 par Jacques Chirac, le RPR est « l'héritier » du mouvement gaulliste et représente la droite conservatrice, notamment en ce qui concerne la justice et les problèmes liés à l'immigration. Il s'engage pour l'indépendance et la souveraineté de la France et est plus ou moins allié à l'UDF.

Le Samu

Le Service médical d'aide urgente est un service public rattaché aux hôpitaux des grandes villes. Il fonctionne 24 heures sur 24 (en cas d'urgence : faire le 15 au téléphone) et envoie des ambulances et du personnel médical auprès des malades et des blessés qui en ont un besoin urgent.
Sur ce modèle du Samu médical ont été conçus les services du *Samu social* (voir le texte 1 de la page 72), qui s'occupe de l'aide aux pauvres et aux sans-abri.

Le Sénat (voir : Parlement)

Le SMIC (salaire minimum de croissance)

Le SMIC, créé en 1970, est le niveau de salaire minimum qu'un employeur doit payer à un travailleur de plus de 18 ans. Il augmente régulièrement, parallèlement au coût de la vie, et son montant est redéfini chaque année. Au 1er juillet 2001, il était de 43,72 FF de l'heure (correspondant à 6,66 €).

SOS Racisme

L'association SOS Racisme a été fondée en 1984 par un groupe de jeunes Français et immigrés réunis autour de Harlem Désir, qui en a été le président pendant sept ans. Avec un symbole simple (une main ouverte), un slogan fort (« Touche pas à mon pote ») et l'appui des médias, le mouvement a connu un rapide succès, notamment auprès des jeunes.
L'association s'attaque au racisme sous toutes ses formes et mène de nombreuses actions dont le but est de favoriser la solidarité entre Français et étrangers ainsi que l'intégration des immigrés dans la société française : accueil et conseil juridique des étrangers, ouverture de « maisons des potes », grands concerts de solidarité, etc.

Les syndicats

En France, les syndicats ouvriers les plus importants restent la CGT (communiste), la CFDT et Force Ouvrière (de gauche « modérée »). La CFTC, de tendance chrétienne, s'adresse également aux ouvriers et employés, alors que la CGC (droite modérée) rassemble surtout les cadres et la FEN (gauche) les enseignants.
Moins de 2 millions de salariés français sont syndiqués (contre environ 12 millions de salariés en Allemagne). Beaucoup de Français trouvent en effet que leurs syndicats sont trop politisés et qu'ils ne sont plus adaptés au monde du travail : ils ne se préoccupent pas assez des chômeurs, par exemple.

La télévision

Les principales chaînes hertziennes :

TF1	(chaîne « généraliste » privée)
France 2	(chaîne « généraliste » publique)
France 3	(chaîne régionale publique)
Arte	(chaîne franco-allemande)
La Cinquième	(chaîne à tendance éducative)
M6	(chaîne musicale)
Canal +	(payante, réservée aux abonnés)

Le câble et les antennes paraboliques permettent de capter un grand nombre d'autres chaînes de télévision francophones ou internationales.
Depuis 1989, un Conseil Supérieur de l'Audiovisuel (CSA) a été installé pour garantir la liberté d'expression et la libre concurrence et pour nommer les responsables des chaînes publiques.

Le tourisme

La loi créant en 1936 les « congés payés » est à l'origine de l'évolution du tourisme en France, mais c'est surtout depuis les années 60 et 70 que le tourisme est devenu un important secteur économique. Plus de 50 millions de touristes sont accueillis chaque année en France et font vivre près d'un million de personnes employées dans cette branche.
L'hiver, le tourisme se concentre surtout sur les Alpes, qui proposent le plus grand domaine skiable équipé du monde.
L'été, la mer et le soleil restent la destination préférée de 70 % des vacanciers, dont la moitié choisit les côtes méditerranéennes.
D'autres formes de tourisme deviennent toujours plus populaires : le tourisme culturel, les stages ou encore les vacances à caractère sportif.
Par contre, peu de Français passent leurs vacances à l'étranger (un sur dix).

Le Traité franco-allemand de coopération

Depuis la signature de ce traité, le 22 janvier 1963, par le général de Gaulle et le chancelier Adenauer, les relations entre les deux pays se sont profondément transformées dans bien des domaines :
Politique : Les consultations régulières entre les chefs d'Etat et les ministres des deux pays garantissent une étroite collaboration.
Militaire : Bien que la France ait quitté l'OTAN (NATO), les problèmes d'ordre stratégique sont étudiés en commun. La coopération entre les deux armées a abouti, en 1990, à la création d'une brigade franco-allemande.
Culturel : La création de l'OFAJ (voir : Office franco-allemand pour la jeunesse) a favorisé le développement des échanges culturels, des rencontres entre jeunes, des jumelages, de la coopération scientifique. L'enseignement de la langue de l'autre pays obtient une place privilégiée.
Economique : Les deux pays sont devenus le premier partenaire économique l'un de l'autre.

L'UDF (Union pour la Démocratie française)

Fondée en 1978 par Valéry Giscard d'Estaing, l'UDF est une fédération de plusieurs petits partis de centre-droite. L'UDF est favorable au libéralisme économique et est alliée au RPR. En 1997, plusieurs personnalités de centre-droite se sont réunies autour du député UDF Alain Madelin pour fonder le parti *Démocratie Libérale.*

Le verlan

Le verlan est un ancien argot remis à la mode par les jeunes dans les années 80-90. Il consiste à changer l'ordre des syllabes d'un mot, qu'on prononce « à l'envers » *(= vers-l'en).* Beaucoup de mots de verlan sont passés dans la langue familière courante, comme par exemple « beur », qui désigne un jeune d'origine arabe.

Les Verts

Le mouvement écologiste est né en 1970 avec pour objectifs principaux la protection de l'environnement et la défense de la qualité de la vie.
Les Verts ont souvent été alliés au PS et au PC dans le cadre de la majorité gouvernementale.